DU MÊME AUTEUR

Essais sur les formes à priori de la sensibilité (Alcan). . 5 fr. »

Les Arguments de Zénon d'Élée contre le mouvement (Alcan)......................... 1 fr. 50

Théorie psychologique de l'espace (Alcan).. 2 fr. 50

ESSAIS
DE
PHILOSOPHIE GÉNÉRALE

SOCIÉTÉ ANONYME D'IMPRIMERIE DE VILLEFRANCHE-DE-ROUERGUE
Jules BARDOUX, Directeur.

ESSAIS

DE

PHILOSOPHIE GÉNÉRALE

COURS DE PHILOSOPHIE

PAR

CHARLES DUNAN

PROFESSEUR DE PHILOSOPHIE AU COLLÈGE STANISLAS
DOCTEUR ÈS LETTRES

DEUXIÈME ÉDITION

Revue et Remaniée.

PARIS
LIBRAIRIE CH. DELAGRAVE
15, RUE SOUFFLOT, 15

1902

PRÉFACE

Le but que je me suis proposé en écrivant cet ouvrage, a été de rattacher les unes aux autres par un lien rationnel, et de rattacher à tout ce que nous connaissons avec certitude par l'expérience et par la science, les doctrines fondamentales de la philosophie traditionnelle, l'existence d'un Dieu personnel, le libre arbitre de l'homme avec sa responsabilité morale, l'existence d'une vie autre que celle que nous avons dans le monde sensible. Laissant les démonstrations fondées sur cette chose un peu vague, et d'ailleurs variable, qu'on appelle le sens commun, démonstrations dont personne ne veut plus aujourd'hui, je me suis efforcé, en leur donnant un caractère systématique, de rendre ces doctrines satisfaisantes pour la raison scientifique et philosophique, laquelle, à mon avis, compte seule en ces matières.

L'entreprise était malaisée : elle était même impossible à réaliser en perfection, attendu que la justification complète, scientifique et philosophique, des principes de la philosophie traditionnelle, comme d'une philosophie quelconque, ne serait rien de moins que la constitution du système définitif et intégral de la nature, qui est un idéal inaccessible. Je ne puis donc pas me faire d'illusions sur l'insuffisance inévitable des solutions que je propose. Je n'ai certes pas fait tout ce que j'aurais voulu, mais j'ai fait tout le possible, dans la limite de mes forces. Que mon livre vaille seulement la peine qu'il m'a coûtée, je n'en demande pas davantage.

Désirant qu'il pût servir à l'enseignement, j'ai dû y faire entrer toutes les questions qui peuvent être comprises dans des programmes d'examens, et je les ai découpées en paragraphes à la manière des manuels classiques. Tout a été traité et écrit avec le plus grand soin; mais les personnes qu'intéresse surtout le grand problème de la valeur philosophique des idées spiritualistes pourront se contenter d'étudier la métaphysique et la morale, avec, en psychologie, la théorie de la perception des corps, qui est la pierre angulaire de toute métaphysique aspirant à prendre le caractère positif, et les théories du jugement, de la raison, de la volonté et de l'instinct.

CHARLES DUNAN.

Paris, 1er octobre 1902.

PSYCHOLOGIE

INTRODUCTION

CHAPITRE PREMIER

OBJET ET MÉTHODE DE LA PSYCHOLOGIE

1. Définition de la psychologie. — La psychologie peut être définie, conformément à l'étymologie, la *science de l'âme*.

Qu'est-ce que l'âme, du moins l'âme humaine? Car c'est de l'âme humaine que nous avons à nous occuper surtout.

Si l'on veut donner à ce mot *âme* un sens vraiment intelligible, on dira que l'âme c'est l'homme lui-même, mais l'homme en tant qu'être intelligent et moral, par opposition à l'homme physique. Sans doute, l'âme peut être encore autre chose que ce que nous venons de dire, elle peut être je ne sais quelle essence subtile et purement spirituelle ; mais c'est là une question que nous n'aurons à examiner que plus tard, en métaphysique. Pour le moment, ce que nous avons à étudier c'est l'homme intellectuel et moral, et rien de plus.

Mais qu'est-ce que l'homme intellectuel et moral? L'homme intellectuel et moral se caractérise par tout un groupe de faits qu'on appelle *faits de conscience*, tels que le plaisir et la douleur, le désir, la perception, le souvenir, le jugement, la résolution volontaire, en un mot par tous ces faits qui nous apparaissent comme des affections ou des actes de ce que nous appelons le *moi*.

Ainsi le but qu'on se propose ici, c'est de constituer la science des faits de conscience, c'est-à-dire de ranger systématiquement ces faits en groupes définis, suivant leur nature, et de les expliquer en les rattachant à leurs principes.

2. Légitimité de la psychologie.

— Cependant une question préjudicielle se présente : la psychologie, comme science, est-elle possible ? Pour qu'elle le soit, c'est-à-dire pour qu'elle puisse se constituer à part de cette autre science qui étudie l'homme physique, et qui s'appelle la *physiologie*, il faut évidemment qu'il existe une différence bien tranchée entre les faits physiologiques et les faits psychologiques, et que, outre une nature propre, les premiers aient à l'égard des seconds une certaine indépendance. La réalité de cette indépendance ne serait pas facile à montrer pour le moment, mais elle est impliquée, au moins en une certaine mesure, dans la différence de nature que présentent les deux classes de faits. Il peut donc nous suffire de montrer cette différence de nature.

3. Différence des faits psychologiques et des faits physiologiques.

— Les faits psychologiques diffèrent des faits physiologiques par leur nature, disons-nous. En effet, les faits physiologiques se passent dans l'étendue, d'où il résulte que :

1° Ils occupent un lieu dans l'espace ;

2° Ils ont une intensité, et même une intensité mesurable ;

3° Ils sont réductibles aux lois mécaniques en dernière analyse, attendu que tout phénomène se produisant dans l'étendue doit avoir pour fond dernier le mouvement. Du reste, la science a prouvé, d'une part, que les phénomènes physiologiques sont explicables par les lois physico-chimiques de la matière, et, d'autre part, que les phénomènes physico-chimiques sont eux-mêmes réductibles à des phénomènes de mouvement. Le fondement mécanique des faits physiologiques est par là mis hors de doute.

Les faits psychologiques présentent tous les caractères opposés à ceux-là. Ils ne se passent point dans l'étendue, et par conséquent :

1° Ils n'occupent aucun lieu dans l'espace, c'est-à-dire qu'ils ne sont point localisables. Il est vrai que souvent nous tendons à les localiser, et c'est pourquoi nous disons, par exemple : J'ai mal à la tête, j'ai mal à la main ; mais une douleur n'est pas dans un membre au même sens que ce membre est dans l'espace.

2° Plusieurs d'entre eux ont une intensité, il est vrai, mais non pas une intensité mesurable, quoi qu'en ait dit l'école psycho-physique de Fechner. On comprend bien qu'un coup reçu soit deux, ou trois, ou quatre fois plus fort qu'un autre ; mais on ne voit pas que deux sensations se comparent entre elles au point qu'il soit possible de dire que la première est deux, trois, ou quatre fois plus forte ou plus faible que la seconde.

3° Enfin les phénomènes psychologiques n'ont aucune communauté de nature avec le mouvement, et sont tout à fait irréductibles aux lois mécaniques.

Mais ce n'est pas seulement par leur nature que les faits psychologiques et les faits physiologiques diffèrent entre eux, c'est encore par la manière dont ils sont connus. Les faits physiologiques sont connus par les sens, c'est-à-dire par la vue, le tact, etc. ; les faits psychologiques sont connus par la conscience, c'est-à-dire par le sentiment immédiat et interne que nous en avons. Ce qui caractérise d'une manière très particulière ce sentiment, c'est qu'il est exclusivement personnel, c'est-à-dire que la conscience d'un fait psychologique est une connaissance propre à celui qui en est le sujet. Celui qui veut, qui se souvient, qui souffre, etc., est le seul à savoir ce qui se passe en lui ; et si d'autres peuvent s'en faire une idée, c'est uniquement par conjecture et d'après les signes que le sujet considéré donne de son état. Au contraire, la connaissance par les sens est une connaissance prise du dehors, qui n'appartient pas au sujet, et qui peut avoir lieu chez une multitude d'individus différents.

4. Méthode de la psychologie : possibilité de l'observation personnelle. — Comment se constituera l'étude des faits psychologiques ?

Évidemment, par la conscience, puisque c'est par la conscience que ces faits sont connus. Mais on a élevé contre la connaissance par la conscience plusieurs objections.

La première est relative à la difficulté que présente une étude attentive par la conscience, étude qui pourtant est nécessaire pour arriver à une connaissance précise des faits. Quand des observateurs armés d'instruments puissants étudient des phénomènes sensibles très délicats, il arrive souvent, dit M. Cournot, que des erreurs se glissent dans l'observation. A combien plus forte raison de telles erreurs seront-elles à redouter lorsqu'il faudra étudier des faits internes et d'une nature encore plus délicate, comme sont les faits psychologiques ! La précision, qu'on obtient à grand'peine dans le premier cas, ne semble-t-elle pas tout à fait impossible à obtenir ici ? — Cela est vrai ; mais, comme on le verra plus loin, nous n'aurons pas toujours besoin de cette précision extrême. Il n'est pas nécessaire, en général, d'étudier les faits psychologiques en quelque sorte à la loupe, ce à quoi du reste ils se prêteraient mal ; et si quelquefois une précision plus grande est nécessaire, ce sera à nous d'apporter à l'observation tout le soin, toute la pénétration dont nous sommes capables. Mais la difficulté ne serait pas une raison suffisante de renoncer à la science.

On objecte encore que l'observation par la conscience est impossible, en raison de la nature même des choses. En effet, dit-on, vous voulez étudier une émotion, un sentiment, etc. Pour cela il faut que cette émotion et ce sentiment ne soient pas incompatibles avec l'état d'esprit qu'exige l'observation ; mais c'est ce qui n'a point lieu. Si vous voulez vous étudier vous-même en colère, vous ne le pourrez pas, puisque la colère exclut le sang-froid que l'observation suppose. — Cette observation serait fondée si nous étions obligés d'étudier les faits psychologiques au moment même où ils se produisent. Mais nous avons la ressource d'user de la mémoire et de la réflexion. Ainsi, à la condition de me souvenir des impressions éprouvées quand j'étais en colère, je puis très bien analyser ma colère passée maintenant que je suis de sang-froid. Ce qui rend observables les phénomènes extérieurs, c'est qu'en se projetant dans l'espace ils se détachent de nous, et s'extériorisent par rapport à l'œil ou à la main qui les perçoit. Le temps produit à l'égard des faits de conscience un effet d'extériorisation tout à fait semblable ; c'est-à-dire que, par cela même qu'il est passé, le fait psychologique se détache de la conscience présente et peut devenir objet pour elle. Du reste, aucun raisonnement ne saurait prévaloir contre un fait positif : Or, en fait, il n'est pas un homme si grossier qu'il n'ait quelque idée de son être moral. La connaissance des faits psychologiques par la conscience est donc certainement possible.

5. Insuffisance de l'observation personnelle. — Mais l'observation personnelle ne suffit pas au psychologue, et cela pour plusieurs raisons.

En effet :

1° Ce qu'on cherche en psychologie, comme dans toute théorie scientifique, ce sont des vérités générales. Or il est clair qu'on ne peut dégager des vérités générales qu'à la condition d'étudier et de comparer un certain nombre de cas particuliers. Si le psychologue voulait s'en tenir à l'étude de lui-même, il ne pourrait nous donner qu'un tableau de sa nature particulière, quelque chose comme des mémoires ou des confessions, dit M. Rabier[1] ; ce n'est pas là ce qui nous intéresse.

2° A supposer même que cette comparaison ne fût point nécessaire, il y aurait lieu encore de multiplier les observations en en faisant varier les objets; car c'est une règle générale dans les sciences qu'on ne doit jamais se contenter d'une observation unique, et qu'il faut toujours refaire soi-même ses expériences sous des formes variées, et les faire refaire par d'autres, pour se bien assurer qu'on ne s'est pas trompé.

3° L'étude psychologique au moyen de la conscience personnelle ne peut être faite que par des hommes parvenus à l'âge adulte et vivant au sein de sociétés civilisées ; c'est-à-dire que cette étude ne peut porter que sur des esprits dont toutes les facultés sont à l'état de plein épanouissement. Sans doute une pareille étude est fort intéressante, mais elle ne suffit pas. Ce qui nous intéresse, ce ne sont pas seulement nos facultés complètement développées, c'est encore la loi de leur développement ; d'autant plus que le seul moyen de les bien connaître, c'est de savoir comment elles se forment. Donc il faudra tâcher de saisir par l'observation les différentes étapes du progrès qui s'est fait en elles.

Ainsi le psychologue doit sortir de lui-même et porter ses observations sur des sujets étrangers. Mais sur quels sujets? D'abord sur les autres hommes dont il est entouré, et qui lui ressemblent le plus par leur culture intellectuelle, parce que ce sont ceux-là qu'il comprendra le mieux ; puis sur les hommes qui sont éloignés de lui dans le temps ou dans l'espace, et qui, pour cette raison, présenteront avec lui des différences plus accusées. Pour ce dernier objet, l'étude de l'histoire et les récits des voyageurs pourront lui servir beaucoup. Puis il passera à l'étude des natures rudimentaires et primitives, l'enfant et le sauvage. Enfin il ira jusqu'à l'observation des animaux, qui forment le terme le plus éloigné de toute cette série.

Cette étude de la nature psychologique, c'est ce qu'on appelle la *psychologie comparée,* et l'on voit par ce qui vient d'être dit que la psychologie comparée n'est pas une annexe ou un dernier chapitre de la psychologie en général, qu'elle en est une partie essentielle et constitutive, et qu'au fond toute psychologie repose sur une **comparaison de faits psychologiques chez divers sujets.**

1. *Psychologie,* p. 37.

Ajoutons qu'il est dans la nature des cas spéciaux plus intéressants que les autres, parce qu'ils sont plus rares, et plus instructifs, parce qu'ils mettent en évidence ce qu'il eût été impossible d'apercevoir dans les cas normaux. Tels sont les cas pathologiques ou les maladies mentales. Par exemple, on ne peut pas voir très bien chez un sujet sain quelle est la dépendance de la pensée à l'égard de l'organisme. Mais cette dépendance devient manifeste, au contraire, quand, dans un sujet malade, nous voyons l'altération de l'intelligence suivre l'altération des organes. C'est pour cela que l'étude des cas anormaux est pour la psychologie d'une si grande importance. Du reste, il est évident que toujours nous aurons besoin de recourir à la lumière de la conscience personnelle; car, pour comprendre ce qui se produit dans l'âme d'autrui, il faut pouvoir interpréter les signes extérieurs que nous avons de son état psychique. Par exemple, je ne pourrais savoir qu'il y a chez un tel une perversion de la mémoire, si je ne possédais pas la mémoire moi-même, et si je n'en avais pas conscience.

6. Idée générale des facultés de l'âme. — Maintenant, quel sera proprement l'objet de la psychologie? Reconnaître les faits psychologiques et les bien observer n'est que le prélude de la science. Mais le véritable but de la science, c'est d'expliquer les faits en les rattachant à leurs causes, qui sont les *facultés* de l'âme.

Qu'est-ce donc qu'une *faculté*? On a considéré longtemps les facultés comme des pouvoirs spéciaux de l'âme participant à sa nature métaphysique; c'est-à-dire que l'âme, considérée comme subsistant à part des faits psychologiques que nous constatons, était supposée posséder trois pouvoirs également distincts des faits auxquels ils donnaient naissance: le pouvoir de sentir, celui de penser, et celui de vouloir. Ainsi l'on rendait compte du fait que nous pensons par un pouvoir ou une faculté que nous avons de penser, et ainsi du reste. Ce genre d'explication rappelle trop le procédé qui consiste à expliquer comment l'opium fait dormir en invoquant une *vertu dormitive*. En fait, si nous pensons, il est sûr que nous avons la faculté de penser; mais une faculté, à le prendre ainsi, se réduirait à un mot vide de sens. Laissant donc de côté la nature métaphysique de l'âme et de ses pouvoirs, nous appellerons *facultés* les différents groupes de faits semblables entre eux que l'observation constate en nous. Par exemple, la mémoire sera l'ensemble de nos souvenirs; la perception extérieure, l'ensemble des connaissances que nous fournissent nos sens. Cela étant, quand nous traiterons d'une faculté, soit, si l'on veut, de la mémoire, nous ne chercherons pas à déterminer ce que peut bien être en soi le pouvoir métaphysique de l'esprit duquel procèdent ces faits bien constatés qu'on appelle des souvenirs. Nous chercherons à expliquer le souvenir lui-même, le souvenir en général, c'est-à-dire le souvenir dégagé des particularités qui font qu'un souvenir est tel ou tel. Quant à la mémoire, elle se réduira à n'être qu'un mot commode pour désigner l'ensemble de nos souvenirs, et aussi notre aptitude à les produire; mais cette aptitude même sera encore un fait déterminable expérimentalement, comme est, par exemple, la fréquence de la perception simultanée de deux objets, d'où résulte qu'en percevant une fois isolément l'un de ces objets, de suite nous pensons à l'autre. Et en ce sens il nous sera permis de parler d'une genèse et d'un développement de nos facultés, puisque les causes qui donnent lieu à la production de faits d'un certain ordre, et qui sont elles-mêmes des faits, sont susceptibles de développement.

Le sens qu'il faut attacher au mot *faculté* étant ainsi bien déterminé, disons de suite que tous les psychologues contemporains sont d'accord pour reconnaître l'existence de trois grands groupes de faits psychologiques, ou facultés, qui sont : la *Sensibilité*, l'*Intelligence*, et la *Volonté*. L'étude de ces trois facultés constituera la psychologie même, du moins dans sa partie expérimentale. Mais, avant d'aborder cette étude, nous devons nous appliquer à celle d'un fait qui enveloppe et domine tous les faits psychologiques sans exception, qui est leur condition à tous, et qui, par conséquent, ne peut ni rentrer dans un groupe particulier, ni former lui-même un groupe à part : la *Conscience*.

CHAPITRE II

DE LA CONSCIENCE

7. Deux formes de la conscience : conscience réfléchie. — Le mot *conscience* se prend en psychologie en deux sens différents. En un premier sens, on appelle conscience cette sorte de retour que doit faire l'esprit sur lui-même pour s'examiner, et qui, à ce titre, est la condition et la méthode obligée de la psychologie. Ainsi entendue, la conscience prend encore le nom de *réflexion*, ou celui de *conscience réfléchie*. Que la conscience réfléchie soit extrêmement importante comme faculté, ou, pour mieux dire, comme opération de l'esprit, c'est ce qui est aisé à comprendre d'après ce qui vient d'être dit ; mais il est manifeste aussi qu'elle est un fait *sui generis*, qu'elle a une nature propre, et que, par conséquent, elle n'a nullement le caractère d'un fait dominant et enveloppant tous les faits psychologiques. Aussi n'est-ce pas de cette forme de la conscience que nous avons à nous occuper maintenant. La conscience réfléchie c'est, en somme, l'effort de l'intelligence pour s'expliquer des faits psychologiques dont on a pu garder le souvenir. Comme faculté, elle se résout donc en deux autres facultés, la mémoire et la raison. C'est donc à la théorie de la mémoire et à celle de la raison que nous devons nous reporter pour la connaissance de la conscience réfléchie. Mais ces deux théories ne pourront être traitées que plus tard.

8. Conscience spontanée : identité de la pensée et de la conscience. — Mais il y a, avons-nous dit, une autre forme de la conscience que la réflexion par laquelle le sujet s'étudie lui-même dans ses états psychiques conservés par la mémoire. En effet, on appelle encore *conscience* le sentiment immédiat ou, si l'on veut, la connaissance que nous avons de tous nos états psychologiques, sensations, désirs, volitions, etc., au moment même où ils se produisent. Par exemple, je vois un objet, et je sais que je le vois; j'éprouve une douleur, et cette douleur je la sens, je la connais en quelque manière, puisque je puis en parler. Ce sentiment ou cette connaissance immédiate que j'ai des faits psychologiques qui se produisent en moi, c'est la conscience, mais la conscience dite *spontanée*, par opposition à la réflexion ou conscience réfléchie. Cela étant, la question qui se présente c'est de rechercher d'où vient la conscience spontanée, c'est-à-dire comment nous connaissons nos états psychologiques.

Cette question se pose, disons-nous, et pourtant en soi elle est absurde. En effet, lorsque nous demandons quelle est la condition pour que quelque chose d'extérieur, une table, une maison, soit connu de nous, la question est raisonnable, et la réponse très simple est qu'il faut que cette table, cette maison, deviennent pour nous des objets de pensée ou de perception. Mais, lorsque nous demandons de même quelle est la condition pour que notre pensée ou notre perception soient connues de nous, il est clair que nous traitons cette pensée ou cette perception comme des objets extérieurs, et c'est là ce qui est absurde. Donc il n'y a pas lieu en réalité de se demander comment nous connaissons nos états psychologiques, ou, plus exactement, comment nous en prenons conscience : par conséquent, la conscience doit être inhérente aux faits psychologiques eux-mêmes, et ne résulte pas d'une action nouvelle de l'esprit différente des faits considérés. Du reste, on peut démontrer par un raisonnement dont le fond, sinon la forme, est emprunté à Aristote, que la pensée est immédiatement consciente d'elle-même. Soit A la connaissance d'un objet extérieur. Supposons que la pensée A soit la connaissance de son objet, et ne soit pas immédiatement consciente, c'est-à-dire ne se connaisse pas elle-même : il faudra alors une seconde pensée B pour connaître la pensée A. Mais la pensée B, pour la même raison, ne sera pas consciente d'elle-même ; donc il faudra une troisième pensée C pour connaître la pensée B, et ainsi de suite, jusqu'à ce que l'on rencontre une pensée H qui soit à la fois la connaissance de son objet et la connaissance d'elle-même, c'est-à-dire qui soit immédiatement consciente. Cette pensée H devra se trouver nécessairement; autrement je ne saurais jamais que je perçois l'objet extérieur, puisque toute la série des pensées A, B, C, etc., me demeurerait étrangère. Mais, du moment qu'il faut admettre l'existence d'une pensée qui soit à la fois la connaissance de son objet et la connaissance d'elle-même, les intermédiaires sont inutiles, et nous pouvons dire de suite que A est une telle pensée. Ajoutons que l'expérience confirme pleinement là-dessus la théorie. Voir, c'est savoir que l'on voit, et celui qui n'a pas conscience de voir ne voit pas; souffrir, c'est sentir sa douleur, et ainsi du reste.

Donc la pensée, et par ce mot nous désignons ici tous les faits psychologiques sans exception, est immédiatement consciente, c'est-à-dire est la connaissance d'elle-même en même temps que de son objet. Toutefois il faut observer que le mot *connaissance* est ici très mal appliqué, parce que toute connaissance suppose la dualité et l'opposition du sujet qui connaît et de l'objet qui est connu, opposition qui n'a pas lieu dans le cas que nous considérons, puisque la pensée ne se dédouble pas pour prendre conscience d'elle-même. En fait, la pensée ne peut connaître, à proprement parler, que ses objets, qui sont des choses extérieures. C'est donc parler très improprement que de dire : « La pensée se *connaît* elle-même ; » et pourtant nous sommes obligés d'employer ce terme pour expliquer autant qu'il se peut la conscience spontanée, puisque la langue ne renferme aucune autre expression qui soit plus exacte. Seulement nous aurons à bien prendre garde, pour ne pas devenir dupes des mots.

9. Conséquences qui résultent de là. — Il résulte de ce que nous venons de dire que :

1° Nous devons rejeter l'opinion des philosophes écossais et de quelques-uns de leurs partisans français, Jouffroy, Garnier, etc., d'après lesquels la conscience serait comme un œil ouvert sur nos états psychologiques, de sorte que toute pensée, toute sensation qui passeraient dans le champ visuel de la conscience seraient connues de nous, et deviendraient ce que l'on appelle conscientes, les autres demeurant inconscientes. Cette théorie des Écossais tend à faire de la conscience une faculté spéciale ayant son mode d'action propre, comme la mémoire ou le sens de la vue. Pour nous, au contraire, la conscience est un mode universel et nécessaire des faits psychologiques; elle leur est inhérente à tous, et ne suppose aucune faculté en dehors de celles qui donnent lieu à ces faits eux-mêmes.

2° Il faut se défier des mots par lesquels on désigne la conscience, et qui semblent impliquer une dualité de la conscience et de la pensée. Par exemple, le mot *sens intime* a ce défaut, parce qu'il prête à une assimilation de la conscience aux sens extérieurs.

3° Toutes nos pensées sont conscientes, puisque, la conscience et la pensée étant une seule et même chose, il n'est pas possible évidemment que l'une des deux aille sans l'autre ; et elles le sont toutes pleinement et absolument, puisque, en vertu du même principe, dire qu'une pensée peut être plus ou moins consciente reviendrait à dire qu'une pensée peut être plus ou moins elle-même, ce qui est absurde.

Mais ici nous nous trouvons en présence d'une théorie importante, très en faveur aujourd'hui dans bon nombre d'écoles, et qu'il ne nous est pas permis de passer sous silence : la théorie de l'*inconscience*.

10. L'inconscience. — Y a-t-il de l'inconscience, ou n'y en a-t-il pas ? En d'autres termes, peut-il y avoir en nous des états psychologiques sans conscience ? Qu'il puisse y avoir des états psychologiques sans conscience réfléchie, la chose n'est pas douteuse. L'inadvertance et l'oubli ne sont pas des phénomènes rares, et il est certain qu'il se produit en nous beaucoup de pensées et d'impressions que nous ne remarquons point. Il ne peut donc y avoir à cet égard aucune divergence entre les philosophes.

Mais voici qui pourrait donner lieu à plus de difficultés. Il existe une théorie célèbre, qui vient de Leibniz, que ce philosophe désignait lui-même par le nom de *théorie des petites perceptions*, et qui paraît impliquer que, la sensation diminuant d'intensité, la conscience disparaît avant que cette sensation soit tout à fait éteinte. Si tel est le vrai sens de cette théorie, elle est manifestement en opposition avec ce que nous avons dit plus haut, que la pensée et la conscience spontanée ne font qu'un. En fait, cette opposition n'existe pas ; mais, pour nous en assurer, il nous faut examiner la pensée de Leibniz.

D'après Leibniz, il y a en nous beaucoup de perceptions qui sont très réelles, et dont nous n'avons aucun sentiment. Par exemple, le bruit de la mer n'est que la somme des cent mille bruits élémentaires que produisent les cent mille vagues dont la mer se compose. Ces cent mille petits bruits, je ne les discerne pas dans ma conscience, et pourtant il faut bien que je les entende en quelque manière, puisque ce sont eux qui, réunis, forment le bruit de la mer que j'entends fort bien, et que cent mille zéros de perception ne sauraient faire une perception réelle. Ce sont donc bien des perceptions, mais des perceptions inconscientes.

Ce raisonnement de Leibniz doit-il être admis ? Si l'on peut appeler inconsciente — et on le peut sans doute — une perception qu'il nous est impossible de discerner en nous-mêmes par la conscience, et que nous ne connaissons que par voie de raisonnement, comme il est certain qu'il y a en nous de telles perceptions, ainsi que le prouve l'exemple cité par Leibniz, il en faut bien conclure qu'il existe des perceptions inconscientes. Mais comment comprendre qu'il puisse y avoir en nous des perceptions réelles sans que nous soyons capables de les discerner par la conscience? Il y a à cela deux causes, dont la première est l'habitude. Le propre de l'habitude, c'est, en effet, d'émousser nos perceptions, et de finir par nous les rendre insensibles. C'est ainsi que, comme le fait remarquer Leibniz, un meunier n'entend plus le tic tac de son moulin. Mais cette sorte d'inconscience que produit l'habitude n'est pas, en général, absolue ni définitive, et le sentiment distinct peut reparaître, pourvu que l'attention se porte sur l'objet. Par exemple, le meunier entendra son moulin, comme une autre personne, pourvu qu'il pense à l'écouter. La seconde cause produit, au contraire, une inconscience radicale, et dont aucun effort d'attention ou de volonté ne peut venir à bout. Cette seconde cause consiste en ce que certaines perceptions se produisent en même temps qu'une multitude d'autres perceptions semblables, desquelles nous ne réussissons pas à les isoler; de sorte que ce qui est objet de conscience distincte, ou d'*aperception*, comme dit Leibniz, c'est l'ensemble de ces perceptions élémentaires, à l'exclusion de chacune d'elles. Par exemple, supposons que mille hommes crient ensemble sous mes fenêtres. Je ne pourrai certainement pas distinguer la voix de tel de ces hommes parmi toutes les autres, et pourtant, s'il criait seul, je l'entendrais fort bien. Toutes les autres voix empêchent-elles donc la voix de cet homme de parvenir jusqu'à moi? Non, mais elles l'étouffent; elles rendent la perception que j'en ai indiscernable et, par conséquent, inconsciente en quelque manière, sans la supprimer.

Ainsi Leibniz a raison, les petites perceptions sont réelles; et les applications qu'il fait de ce principe ne sont ni moins justes ni moins heureuses que le principe lui-même. Il est certain que nous avons à tout moment quelque sentiment de toutes les parties de notre corps; car une partie de notre corps dont nous n'aurions aucun sentiment serait morte pour nous, et, en réalité, ne nous appartiendrait pas. A la vérité, nous n'avons point de perceptions distinctes de tout ce qui se passe en nous. Nous ne sentons pas une goutte de sang circuler dans nos veines, parce que cette goutte circule avec une multitude d'autres, et que nous avons l'impression du tout que ces gouttes forment ensemble, et non pas de chacune d'elles en particulier; mais il n'est pas douteux que, si l'action d'une goutte de sang pouvait être isolée de l'action produite par toutes les autres, nous aurions de cette goutte une conscience très distincte. Du reste, le sentiment même que nous avons de l'ensemble de nos états corporels est plus souvent confus que distinct. Ce sentiment s'exprime par de l'aise ou du malaise, par des goûts et des dispositions que nous sommes incapables d'analyser, et qui nous meuvent souvent à notre insu.

Ce qui est vrai de notre corps est vrai aussi de la nature entière. Tous les phénomènes de l'univers, de même que les états de notre propre corps, s'expriment dans notre âme par des perceptions insensibles. Un coup de canon est tiré en Amérique, je l'entends, disait Leibniz : c'est-à-dire que ce coup de canon ébranle l'atmosphère tout entière avec une intensité qui va décroissant à mesure qu'on s'éloigne davantage du lieu où il a été tiré, et que moi, d'ici, j'en éprouve encore une impression très faible, qui se mêle avec une multitude d'impressions du même genre, de sorte que je n'en puis avoir aucun sentiment distinct. C'est ainsi que chaque âme est, comme le disait encore Leibniz, une sorte de « miroir de tout l'univers ».

Mais cette théorie leibnizienne des petites perceptions est-elle conciliable avec ce qui a été dit plus haut au sujet de l'identité de la conscience spontanée et de la pensée? Elle l'est parfaitement. Leibniz, en effet, entend bien que la conscience subsiste toujours dans la mesure où la perception subsiste; et même il se garde d'établir entre ces deux choses aucune différence, fût-ce de nom seulement. Ce qu'il met à part de la pensée, c'est uniquement l'*aperception distincte,* par laquelle la conscience réfléchie est rendue possible.

Disons donc, pour conclure, qu'à ne considérer que la conscience spontanée définie comme elle l'a été au début, l'inconscience ne peut pas être, et que c'est même un mot vide de sens; mais que, si par le mot conscience on entend une intensité et une distinction de nos états psychologiques suffisante pour nous permettre de les apercevoir, alors il faut admettre la réalité de l'inconscience.

11. La vie psychique inconsciente. — Déjà, ainsi que nous venons de le dire, Leibniz avait cru voir dans les perceptions inconscientes la base et comme la substructure de la vie consciente de l'esprit. La même conception a été reprise par les modernes, et appuyée sur des expériences aussi étendues que précises, elle a conduit à des résultats également intéressants pour la psychologie et pour la philosophie générale.

On a observé fréquemment — et même, à le bien prendre, c'est toujours ainsi que les choses se passent — que la meilleure méthode pour arriver à la solution d'un problème embarrassant dont on a été longtemps préoccupé, n'est pas de s'obstiner à la recherche de cette solution par un effort prolongé de réflexion, mais, au contraire, de laisser, comme on dit, *dormir* la question, en s'occupant de tout autre chose. Il se produit alors dans les couches profondes de la vie mentale un travail latent à la suite duquel on trouve quelquefois tout à coup et sans peine ce pour quoi l'on avait en vain auparavant dépensé tant d'efforts. Ce travail inconscient suppose évidemment le travail conscient qui l'a précédé : la mécanique cérébrale fonctionnera, mais à la condition d'avoir été mise en marche, et c'est la pensée réfléchie qui lui donne l'impulsion. C'est pourquoi il ne suffit pas de ne penser à rien pour trouver quelque chose. L'idée utile et vraie brille parfois comme un éclair ; mais cet éclair ne s'allume que dans un esprit doué de qualités supérieures, et d'ailleurs préparé à la découverte par une longue et profonde méditation.

Un second point à observer, c'est que le travail inconscient qui prépare et même opère ainsi la découverte est évidemment de même nature que le travail de réflexion qui l'a précédé, tout aussi rationnel, et même plus rationnel encore, à ce qu'il semble, puisqu'il a abouti au résultat que celui-ci était impuissant à donner. Il y a là quelque chose qui peut nous aider à comprendre une vérité, certaine croyons-nous, et de grande importance, sur laquelle nous aurons plus tard à revenir à mainte reprise, à savoir, que le processus mental, considéré dans ce qu'il a de plus profond, c'est-à-dire de plus éloigné de la conscience distincte, dans cette région tout à fait obscure où il n'est qu'*instinct,* et où il agit uniquement pour créer et maintenir la vie, doit posséder une sûreté infaillible et une rectitude absolue. En effet, si, à mesure que l'on descend du conscient dans l'inconscient, la perfection de l'opération mentale, tout en décroissant quant à la valeur de son objet qui devient de plus en plus simple, croît en précision et en exactitude quant à elle-même, il semble que cette précision et cette exactitude doivent atteindre leur maximum concevable au moment où l'opération devient aussi élémentaire que possible, c'est-à-dire à la base de la vie.

Considérons encore ceci. Tout ce qui n'appartient qu'à la conscience distincte est superficiel par rapport à notre être, attendu que ce n'est pas dans cette région lumineuse, mais dans la région inférieure et obscure, que la vie a ses sources. Ce que nous pensons distinctement n'a donc de fécondité, soit pour l'action, soit pour la pensée même, qu'à la condition de s'insérer en quelque sorte dans l'infrastructure mentale, d'y créer des courants, d'y déterminer des orientations ayant une certaine permanence. Généralement l'obtention de tels résultats exige beaucoup d'efforts et de temps, parce que le milieu sur lequel il faut agir, quoique modifiable, a ses habitudes prises qui opposent une résistance plus ou moins vive. C'est pourquoi tant de révolutions échouent, ou aboutissent à des conséquences tout autres que celles qu'avaient prévues leurs auteurs : le terrain était mal préparé pour les changements désirés. Les pensées que nous avons formées par un travail pénible de la réflexion ne peuvent fructifier en nous qu'à la condition de nous pénétrer tout entiers, de s'identifier en quelque sorte à notre chair et à notre sang. Ainsi par la pensée consciente nous avons action sur la pensée inconsciente et sur les puissances de la vie. L'inverse est également vrai. En *pliant la machine*, comme dit Pascal, on modifie le cours de nos idées les plus intellectuelles. De nos pensées réfléchies nous ne sommes pas maîtres autant qu'on pourrait le croire; nous le sommes bien davantage de nos actes extérieurs et de nos mouvements, et par ce moyen aussi nous pouvons nous créer des habitudes et des dispositions à penser. De là le conseil de Pascal : « Vous voulez aller à la foi, et vous n'en savez pas le chemin... Prenez de l'eau bénite; faites dire des messes [1], » etc. C'est ainsi qu'on a vu parfois, après une ou deux générations, des hommes devenir sectateurs zélés d'une religion à laquelle leurs pères avaient été convertis par la force.

Nous avons dit en quel sens l'inconscience peut et doit être admise. On l'entend parfois autrement.

D'après certains physiologistes, la conscience aurait en nous des intermittences; c'est-à-dire que la conscience serait un concomitant accidentel et non permanent de notre vie physiologique. Il pourrait donc arriver, par exemple dans le sommeil profond et dans certaines phases de l'hypnose, que la vie psychologique se trouvât chez un homme totalement suspendue, pour reprendre plus tard, quand les circonstances physiologiques seraient devenues plus favorables. Cette thèse, on le voit, est l'absolu contre-pied de celle de Descartes, d'après laquelle, au contraire, « l'âme pense toujours ». Les raisons

---

[1]. *Pensées*, art. x.

sur lesquelles on la fonde sont principalement des raisons tirées de l'expérience. Or il est aisé de voir que ces raisons sont faibles. La théorie des petites perceptions nous montre, en effet, que le sentiment que nous avons d'une partie de notre être, et même de notre être tout entier, est susceptible de décroître au point de rendre impossible tout exercice de la réflexion, sans que pour cela il puisse s'anéantir tout à fait. Vouloir renfermer la vie psychique dans les limites de l'aperception distincte est donc une doctrine insoutenable. Du reste, il faut reconnaître que, cette dernière doctrine une fois admise, la conséquence qu'on en tire est nécessaire. Les faits montrent avec une telle évidence l'aperception distincte suspendue en nous dans une multitude de cas, que si l'on fait consister dans cette aperception toute la vie de l'âme, on sera obligé d'accorder que la vie de l'âme peut s'éteindre et se rallumer ensuite comme un flambeau. L'absurdité de cette conséquence apporte donc une confirmation nouvelle à la théorie leibnizienne des petites perceptions.

12. La conscience comme source d'idées. — La conscience étant la connaissance que nous prenons de nous-mêmes, et constituant, par conséquent, cette forme de notre expérience qu'on peut appeler l'*expérience interne*, doit être pour nous une source d'idées, de même que, par exemple, le sens de la vue qui nous fait connaître ce que c'est qu'une couleur, et le sens de l'ouïe qui nous apprend ce que c'est qu'un son ; et les idées dont elle est pour nous l'origine sont évidemment celles qui se rapportent à notre nature psychologique. Ainsi c'est la conscience qui apprend à chacun de nous ce que c'est que jouir et souffrir, se souvenir, vouloir, etc. Il convient aussi d'y rattacher certaines idées relatives à des choses qui ne peuvent se réaliser que dans une conscience, par exemple l'idée d'intention ou de *finalité*, les idées de délibération, d'hésitation, et une multitude d'autres semblables. Mais la plus importante des idées que nous lui devons, c'est celle du *moi* ou de la personnalité morale.

Il existe, au sujet de l'idée du *moi*, deux thèses contraires également inadmissibles.

On a voulu parfois, identifiant le *moi* à l'âme comme substance et existence absolue, faire du moi un objet que la conscience nous ferait connaître à peu près de la même manière que les sens sont supposés nous révéler des objets extérieurs. Une pareille hypothèse tombe devant cette double constatation, que le sentiment de nous-mêmes nous est toujours donné dans quelque représentation particulière, image, sentiment, désir, etc., jamais à l'état pur par conséquent; et que, d'autre part, il n'est pas une seule de nos représentations particulières, de celles du moins qui gardent une certaine tonalité, où le sentiment plus ou moins distinct du *moi* ne soit compris. De là on peut tirer cette conclusion que le *moi* est inhérent à la conscience, qu'il en est un mode constant et nécessaire, mais rien autre chose, rien de substantiel et de subsistant en soi.

Ce caractère phénoménal du moi n'a pas échappé aux philosophes empiriques, et même ce sont eux qui l'ont les premiers mis en lumière; mais ils l'ont exagéré en prétendant que le moi n'est pas autre chose que la somme des phénomènes de conscience en général. Comme il faut rejeter l'idée d'une « âme » cachée derrière les faits de conscience et leur servant de support, ils en ont conclu que les faits de conscience se suffisent à eux-mêmes et subsistent individuellement. C'était faire de l'être psychologique de chacun de nous une poussière de phénomènes, et pas même cela, car les phénomènes, en tant qu'ils appartiennent au temps et à l'espace, sont encore des multiplicités de parties, même des multiplicités indéfinies, et, par conséquent, se résolvent à leur tour en une poussière si ténue cette fois, qu'on en chercherait en vain les éléments composants. Pour que les phénomènes existent il faut donc un principe de liaison qui tienne unies et adhérentes entre elles toutes leurs parties. Pour que l'individualité psychologique de chacun de nous subsiste, il faut que le même principe unifie également les faits de conscience eux-mêmes, et fasse de chacun d'eux, au lieu d'un être à part, un aspect ou un moment d'un être supérieur qui, sans exister en dehors d'eux, les englobe tous. Ce principe d'unité, forme à la fois des phénomènes et de l'être phénoménal, c'est le *moi*. Le *moi* est d'abord la synthèse de toutes les aptitudes et de toutes les tendances de chacun de nous; et à ce titre il nous constitue comme individus, ou plutôt comme personnes distinctes les unes des autres. C'est ensuite la synthèse de chacun de nos faits de conscience, et à ce titre il est lui-même une donnée de la conscience, ou plutôt il est la conscience même, puisque, comme nous le savons, la conscience et son objet ne font qu'un.

PREMIÈRE PARTIE

LA SENSIBILITÉ

CHAPITRE PREMIER

LE PLAISIR ET LA DOULEUR

13. Nature et origine du plaisir et de la douleur. — La *sensibilité* est définie assez souvent *la faculté d'éprouver du plaisir et de la douleur*. Cette définition est inexacte, parce qu'il n'existe pas, à proprement parler, de faculté correspondante aux phénomènes de plaisir et de douleur. Le plaisir et la douleur sont, comme la conscience, des modes très généraux et même universels de tous les faits psychologiques, c'est-à-dire que tout fait psychologique est nécessairement agréable ou pénible, comme il est nécessairement conscient. Cela seul explique que le plaisir et la douleur ne doivent point être rattachés à une faculté spéciale et *sui generis*, comme la mémoire ou l'imagination, puisque, s'ils devaient l'être, ils formeraient, comme les faits de mémoire ou d'imagination, un groupe à part entre tous les faits psychologiques. Cependant il y a pour nous une raison de les rattacher à la sensibilité : c'est qu'ils tiennent à ce qu'il y a de passif dans notre nature, et que le mot *sensibilité*, en son sens le plus général et aussi le plus exact, exprime justement le côté passif de notre être.

On ne peut pas songer à définir le plaisir et la douleur, parce que ce sont des choses dont la notion est simple, indécomposable, et irréductible par conséquent. A vouloir les définir on se condamnerait à se répéter sans profit, et à dire, par exemple : « Le plaisir est une chose agréable ; » ce qui ne signifie rien. Du reste, toute définition serait superflue, parce que chacun sait assez par expérience ce que c'est que le plaisir et la douleur. Mais, si nous ne pouvons réduire les notions que nous avons du plaisir et de la douleur à des notions plus simples et logiquement antérieures, nous pouvons assigner au plaisir et à la douleur des origines, en tant qu'ils se produisent dans le temps et qu'ils ont des causes.

Voici donc comment on peut comprendre leur origine psychologique. Être c'est agir ; c'est-à-dire qu'un être est en tant qu'il agit et dans la mesure où il agit. Mais une activité ne saurait être indéterminée. Il faut qu'elle s'exerce sous certaines formes particulières qu'on appelle des *fonctions*. Ainsi l'existence consiste proprement dans l'exercice des fonctions que notre nature comporte. De plus il faut admettre, pour des raisons sur lesquelles nous aurons à revenir plus tard, qu'il y a dans tous les êtres qui ont vie et sentiment un besoin d'être et un effort spontané pour conserver l'existence. On peut donner à ce besoin d'être et à cet effort le nom de *tendance*. Dès lors l'effort pour être, et par conséquent pour agir, devient une tendance à accomplir les différentes fonctions par lesquelles l'existence se conserve. Si cette tendance est satisfaite, c'est-à-dire si la fonction s'exerce, l'être vivant et sentant se trouve dans un état conforme aux exigences de la nature, état dont il a conscience, puisque, comme nous l'avons vu plus haut, tous nos états organiques sont représentés dans la conscience générale que nous avons de nous-mêmes. Or cette conscience d'un état conforme (ou contraire) à la nature, nous ne disons pas *produit* le plaisir (ou la douleur), mais *est* le plaisir (ou la douleur) ; ce qui revient à dire que nos plaisirs et nos douleurs ne sont que nos états conformes ou contraires à notre nature, en tant que nous en avons conscience. On voit par là que les émotions agréables ou pénibles ne requièrent l'intervention d'aucune faculté particulière, et résultent simplement de l'exercice de notre activité sous toutes ses formes.

14. Théorie d'Aristote. — Ainsi le plaisir est, comme l'avait bien vu Aristote, le résultat, ou plutôt l'expression immédiate dans notre conscience de l'action produite conformément à la nature. Il en est comme l'épanouissement, et « il s'y ajoute comme à la jeunesse sa fleur ». Aristote précise encore davantage sa pensée en déterminant les conditions positives dans lesquelles le plaisir apparait. En général, les besoins de notre nature sont limités, et les forces dont nous disposons pour y satisfaire limitées aussi. Par conséquent, ce que la nature demande de nous c'est l'exercice d'une activité moyenne, tenant le milieu entre l'inaction et l'activité excessive. Si ces conditions sont remplies, le plaisir doit apparaître ;

c'est-à-dire que lorsque notre activité est comprimée, il y a douleur; que lorsqu'elle peut se développer librement, le plaisir naît; et qu'enfin, lorsqu'elle est portée au delà de ses limites naturelles, la douleur reparaît. Le plaisir est donc, comme dit Aristote, intermédiaire entre deux douleurs. L'expérience, du reste, confirme entièrement ces vues. Un empêchement à l'accomplissement de nos fonctions nous est toujours douloureux : par exemple, le silence, l'obscurité, l'immobilité, nous sont très pénibles, surtout à la longue; une lumière douce, des sons d'une intensité modérée, une activité physique qui n'est pas excessive, nous sont agréables; et enfin l'intensité croissante de ces trois sensations, comme de toutes les autres d'ailleurs, ramène la douleur.

15. Rapports du plaisir avec la tendance. — A l'égard des rapports du plaisir et de la douleur avec les tendances de notre nature, il résulte manifestement de cette théorie que la tendance est antérieure au plaisir, et qu'elle lui donne naissance. Condillac cependant soutient la thèse contraire, et prétend que c'est le plaisir qui est le fait primitif, et que la tendance en vient, bien loin qu'il soit engendré par elle. Il est certain que Condillac a raison pour ce qui regarde les tendances particulières, et pour ce que nous nommerons plus tard les *inclinations*. Ainsi, on ne peut avoir du goût pour un mets qu'après en avoir mangé et l'avoir trouvé bon. Mais il en est autrement pour les tendances générales et indéterminées, comme la tendance à l'alimentation, par exemple. Ce n'est pas parce qu'il a du goût pour le lait que le petit enfant cherche pour la première fois le sein de sa nourrice, c'est parce qu'il a besoin de s'alimenter; mais plus tard, ce qu'il a fait d'abord par tendance innée, il pourra le refaire pour le plaisir. Voici donc quels sont les rapports du plaisir et de la tendance. A l'origine est la tendance innée, laquelle est générale et indéterminée, du moins à certains égards, par exemple la tendance à l'alimentation. Cette tendance commence par chercher au hasard l'objet qui peut la satisfaire. Sitôt qu'elle a rencontré cet objet, le plaisir a lieu, et alors naît une inclination particulière, dérivée de la tendance première, et dirigée vers l'objet connu pour agréable. Le plaisir joue ainsi, par rapport à la tendance générale, le rôle d'une sorte d'éclaireur, dont la fonction est de montrer à cette tendance les voies dans lesquelles elle doit s'engager. La même chose pourrait se dire de la douleur, *mutatis mutandis*. Si le plaisir est le principe des faits sensibles du genre *goût, inclination,* etc., la douleur en engendre d'autres du genre *dégoût, aversion*, etc., et ces sentiments répulsifs ne peuvent évidemment concerner que les objets qui nous ont causé quelque peine.

Il résulte de là que nous pouvons trouver du plaisir dans le développement de toutes les tendances de notre nature. Mais nos tendances sont de deux sortes, spirituelles et corporelles, parce que notre nature est double. Il y a donc comme deux sources de nos plaisirs, mais deux sources de valeur et de puissance bien différentes. Nos tendances physiques répondent à des besoins limités, servis par des forces également limitées. Par exemple, le corps n'exige et ne peut prendre chaque jour qu'une certaine quantité de nourriture. Les plaisirs auxquels donne lieu la satisfaction de ces tendances ont donc des bornes, qui sont nécessairement bientôt atteintes. Au contraire, dans l'ordre spirituel, nos besoins, nos forces, et par conséquent nos capacités pour la jouissance, n'ont point de limites. Notre connaissance peut s'étendre indéfiniment sans que l'esprit rassasié de savoir dise jamais : « C'est assez. » De même, nulle contemplation esthétique, nulle perfection morale, ne passeront jamais la mesure de ce que nous pouvons aimer et de ce dont nous sommes capables de jouir. D'où il suit que la sagesse consiste à développer en soi les tendances de l'ordre spirituel préférablement à toutes les autres.

16. Solution de deux problèmes. — Ces considérations vont nous permettre de résoudre deux questions assez importantes au sujet du plaisir et de la douleur.

1° Y a-t-il des sensations, ou, plus généralement, des états de conscience qui ne soient ni agréables ni pénibles ? La théorie dit non. Tout état de conscience est l'expression d'un état physiologique nécessairement conforme ou contraire à notre nature : il est nécessaire, par conséquent, que tout état de conscience soit agréable ou désagréable. Mais l'expérience semble témoigner du contraire. On peut se demander, sans qu'il soit facile de résoudre la question, si une multitude de sensations très communes, comme la vision d'une feuille de papier blanc, l'émission d'un son banal, nous causent de la douleur ou du plaisir. Voici comment se lève cette contradiction, qui n'est qu'apparente. Tous ces états de conscience qui paraissent indifférents répondent à un exercice normal de nos sens; par conséquent, ils doivent être agréables; seulement l'habitude les a émoussés. L'habitude, en effet, produit ce résultat qu'un état de conscience, en se prolongeant, perd de son intensité et de son acuité. On peut donc comprendre qu'ayant du matin au soir les yeux ouverts sur une multitude d'objets colorés de teintes plus ou moins douces, nous n'éprouvions plus de plaisir vif à voir. Mais ce serait une erreur de croire que ce plaisir qui n'arrive plus jusqu'au seuil de la conscience distincte ait disparu tout à fait. Il demeure caché dans les profondeurs de notre vie *subconsciente* ou *infraconsciente*, très réel pourtant, et très réellement, quoique très confusément senti : autrement, on n'expliquerait pas la douleur que nous cause un séjour prolongé dans l'obscurité. De même la santé est un immense bien ; mais la continuité en émousse la jouissance chez les gens bien portants. Au contraire, lorsque après une maladie les forces reviennent, on se sent comme renaître, et c'est pourquoi rien n'est plus agréable que l'état de convalescence.

2° La vie, au point de vue de la sensibilité pure, et abstraction faite de toute considération morale, est-elle bonne ou mauvaise ? Ou, en d'autres termes, la somme des plaisirs l'emporte-t-elle dans la vie sur celle des douleurs, ou la somme des douleurs sur celle des plaisirs ?

Si nous nous référons à notre théorie, nous devrons dire évidemment que la vie est bonne en soi, et qu'elle est bonne même pour les plus malheureux, puisque, enfin, même aux plus malheureux il reste toujours l'ensemble des fonctions vitales, voir, entendre, penser, vouloir, agir, et que exercer les fonctions vitales est le bien suprême selon l'ordre de la nature, et la source de toutes les jouissances. Cependant les pessimistes prétendent que la vie est mauvaise, et que la somme des douleurs y est en très grand excédent sur celle des plaisirs. Cette thèse des pessimistes paraît vraie si l'on ne met en regard des douleurs vives que les plaisirs vifs que la vie peut nous donner ; mais elle est fausse si l'on tient compte des plaisirs émoussés. Les pessimistes diront-ils que ces plaisirs ne sont rien, justement parce qu'ils sont émoussés ? Ce serait une erreur singulière, et nous n'aurions qu'à les renvoyer à Épicure, qui avait si bien compris, au contraire, que les plaisirs émoussés sont les vrais plaisirs, que le bonheur n'est fait que de ces plaisirs-là, et que le sage doit se garder avec soin de la recherche des plaisirs vifs, parce qu'ils sont passagers, et que nous les payons presque toujours par des douleurs qui les surpassent. Quant au grand nombre et à l'intensité des douleurs dont la vie humaine est remplie, bien loin de prouver que la vie est mauvaise, ils prouveraient plutôt qu'elle est bonne. En effet, ce qui fait l'intensité d'une douleur à un moment donné, c'est le contraste qui s'établit entre l'état présent du sujet et son état antérieur. Donc, plus l'état antérieur était excellent, plus la douleur sera vive ; de même que lorsqu'on tombe de plus haut, les chutes sont plus rudes. C'est pourquoi ce sont toujours les natures les plus délicates qui souffrent le plus. Les hommes qui ont été les plus heureux deviennent les plus malheureux quand ils tombent dans l'infortune. Aussi est-ce une illusion de s'imaginer, comme les philosophes de l'école anglaise, qu'on parviendra à supprimer la douleur en élevant de plus en plus par la science et par les inventions utiles la somme des commodités de l'existence. On rendra les hommes plus délicats et plus sensibles aux accidents inévitables de la vie ; voilà tout.

On dira peut-être qu'un raisonnement inverse de celui-ci prouverait, en partant de la considération des plaisirs vifs, que la vie est très mauvaise, puisque, apparemment, le plaisir, comme la douleur, suppose un contraste. Mais c'est là une idée erronée. La douleur suppose le passage d'un état plus parfait à un état moins parfait ; mais il n'est pas vrai, quoi qu'en dise Spinoza, que le plaisir suppose le passage d'un état moins parfait à un état plus parfait. Le genre de contraste que suppose le plaisir vif chez les êtres sensibles, c'est celui de l'état présent, qui est bon, avec l'état antérieur, qui pouvait être également bon, mais qui était d'une nature différente, et non pas le contraste d'un état bon avec un état mauvais antérieur. En d'autres termes, le plaisir est un état normal et conforme à la nature, qui ne requiert que des conditions positives. La douleur, au contraire, est un état anormal, contraire même en un sens à la nature, et qui requiert des conditions négatives. Voilà pourquoi l'intensité de la douleur mesure la grandeur des biens dont nous sommes privés, sans qu'on puisse dire inversement que l'intensité des plaisirs mesure la grandeur des maux d'où nous sommes sortis.

Il resterait à classer les plaisirs et les douleurs. On peut le faire simplement en les rapportant à leurs causes. Ces causes sont physiques, ou intellectuelles et morales. De là deux catégories de faits affectifs : les plaisirs et les douleurs résultant de causes physiques, comme une brûlure, une saveur douce, etc., et que l'on appelle quelquefois *sensations;* les plaisirs et les douleurs causés par des phénomènes de l'ordre intellectuel ou moral, le chagrin que cause la perte d'un ami, le plaisir d'un succès obtenu, etc., et que l'on appelle *sentiments*. Nous verrons plus tard que les mots *sensation* et *sentiment* ont des acceptions différentes de celles-là, et plus autorisées.

CHAPITRE II

LES TENDANCES

17. L'amour de soi, ou l'effort pour durer, principe de toutes nos tendances. — Le plaisir et la douleur ne sont, d'après ce qui a été dit plus haut, que des faits ultérieurs et dérivés de notre nature sensible. Ce qui constitue vraiment cette nature, c'est l'activité avec ses tendances ou déterminations primordiales[1]. Nous devons donc rechercher quelles sont les principales tendances de l'homme, et les rattacher à leurs causes.

Le principe commun de toutes les tendances de l'homme, — et la même chose est vraie pour les animaux, qui, comme nous, participent à la vie sensible, — c'est l'effort que tout être fait spontanément pour conserver sa nature telle qu'elle existe. Descartes a nié la réalité de cette disposition primordiale de tous les êtres à faire effort pour se conserver, et a attribué le fait qu'ils durent à une intervention permanente de la toute-puissance divine, qui les crée en quelque sorte à tous les instants. C'est ce que l'on appelle la théorie de la *création continuée*. Nous ne pouvons pas donner ici les raisons métaphysiques qui condamnent la doctrine de Descartes sur ce point, et qui établissent la solidité du principe contraire, fermement proclamé par Spinoza et par Leibniz; mais nous pouvons montrer que ce dernier principe est confirmé par l'étude des faits. Chez tous les êtres doués de vie on constate, en effet, un effort puissant, non seulement pour conserver leur être, mais encore pour l'accroître. Tout ce qui vit tend à se développer dans toute la mesure

---

[1]. Si les tendances sont actives en un sens, puisqu'elles provoquent en nous l'action, elles sont passives en un autre sens, par rapport à l'activité pure, qui n'appartient qu'à la volonté seule, et c'est ce qu'exprime le mot de *sensibilité*, par lequel on désigne tout l'ensemble de nos tendances; mais nous n'avons pas à nous préoccuper ici de ce second aspect de la nature des faits sensibles.

de ses forces, et même à transmettre la vie qu'il possède. « La plante est née, dit Aristote, il faut qu'elle meure. Mais avant de mourir elle cherchera à se perpétuer dans une autre elle-même, afin de participer, autant qu'il est en elle, de l'éternel et du divin. » Cet effort encore inconscient dans la plante devient conscient, à des degrés divers, chez l'animal et chez l'homme. De là l'amour pour la vie, et l'horreur que manifestent tous les êtres sensibles pour leur destruction. Et, qu'on le remarque bien, ce que nous aimons dans la vie ce ne sont pas seulement les plaisirs dont elle est la condition, puisque parfois ce sont les plus malheureux qui s'y attachent le plus désespérément ; c'est la vie pour elle-même : *primum vivere*.

> Le trépas vient tout guérir,
> Mais ne bougeons d'où nous sommes.
> Plutôt souffrir que mourir,
> C'est la devise des hommes.
> (LA FONTAINE, *la Mort et le Bûcheron*.)

L'effort universel des êtres pour se conserver est donc un fait incontestable.

Comment cet effort donne-t-il naissance à la totalité de nos tendances ? — C'est un grand principe de métaphysique, et tout aussi vrai que le précédent, qu'être c'est agir, qu'un être *est* dans la mesure où il agit. Il suit de là que l'effort pour être, c'est nécessairement l'effort pour agir. Par conséquent, tout exercice de notre activité, c'est-à-dire, en définitive, toute fonction de notre nature, implique une tendance spontanée à l'accomplir. L'aveugle-né n'éprouvait pas de tendance à voir. Dès que le sens de la vue lui est ouvert, voir devient pour lui un immense plaisir et un impérieux besoin. Il en est de même pour toutes choses. Ainsi c'est la fonction même, déterminée par notre constitution physique ou spirituelle, qui développe spontanément la tendance naturelle en vertu de laquelle nous l'accomplissons. Il suit de là que nos tendances peuvent se classer très exactement d'après les fonctions auxquelles elles correspondent ; et comme notre nature est double, à la fois corporelle et spirituelle, et nos fonctions de deux sortes par conséquent, nous devons reconnaitre en nous deux catégories de tendances, les unes relatives à la vie du corps, les autres à celle de l'âme. Les premières prennent les noms d'*instincts*, d'*appétits*, de *penchants ;* les secondes n'ont pas reçu, soit dans la langue vulgaire, soit dans la langue philosophique, de noms qui servent à les désigner d'une manière spéciale.

18. Tendances relatives à la vie corporelle. — Les fonctions corporelles peuvent se ramener à trois principales : 1° conservation de l'individu ; 2° conservation de l'espèce ; 3° fonctions de relation ; d'où trois catégories de tendances relatives à la vie corporelle :

1° A la fonction de conservation de l'individu correspond la tendance générale qu'ont les êtres organisés à se conserver, ou l'instinct de conservation, c'est-à-dire, chez les êtres conscients, l'amour de la vie et l'horreur de la mort. Mais la conservation de la vie suppose des conditions, dont la première est l'alimentation. Nous devons donc avoir une tendance naturelle à chercher notre nourriture. De plus, comme nous aimons non seulement l'être, mais encore le bien-être, nous rechercherons tout ce qui pourra nous procurer du plaisir et nous éviter de la douleur. Cette disposition générale peut être considérée comme la mère de toutes les industries et de tous les arts.

2° A la fonction de conservation de l'espèce correspond d'abord l'instinct de reproduction, puis l'instinct d'allaitement, et l'instinct paternel ou maternel (qu'il ne faut pas confondre avec le sentiment paternel ou maternel, lequel est propre à l'homme, et d'un tout autre ordre).

3° Nous vivons dans un monde de corps avec lesquels nous sommes en relation par les perceptions de nos sens et par la faculté de locomotion. Ces relations sont des conditions essentielles de notre vie physique, et constituent pour nous des fonctions indispensables à remplir. Nous devons donc avoir tendance à exercer nos sens, c'est-à-dire aimer à voir, à entendre, à palper, à flairer, à goûter, pourvu que ce soit au degré d'intensité et sous les formes que la nature comporte. De là aussi le besoin de mouvement et, quand la fatigue est venue, le besoin de repos, puisque le repos fait cesser la douleur attachée à la fatigue, et qu'il est en même temps la condition d'un mouvement plus vif.

19. Tendances relatives à la vie spirituelle. — Quant aux fonctions spirituelles, elles consistent dans l'exercice des trois facultés de l'âme, la sensibilité, l'intelligence et la volonté. L'ensemble de nos tendances spirituelles consiste donc dans des dispositions à exercer avec toute l'intensité possible nos trois facultés. Il est, du reste, facile de s'assurer que ces dispositions existent réellement dans la nature humaine.

1° A l'égard de la sensibilité, on constate que l'homme aime en général à sentir et à être ému, et cela est au point que souvent on préfère les émotions pénibles à l'absence de toute émotion. De là le goût si répandu des romans émouvants et des spectacles tragiques. Il y a même des natures tellement grossières et si peu sensibles, que le besoin d'émotions fortes les conduit jusqu'aux lieux où s'accomplissent des exécutions capitales. C'est de là que viennent encore chez beaucoup de gens l'amour des aventures, le goût du péril, etc.

2° Nous avons besoin aussi d'exercer l'intelligence. Ce besoin ne doit pas être confondu avec l'amour de la science, qui ne tend qu'à la vérité, et pourtant il en est inséparable. L'intelligence veut un aliment; mais quel autre aliment que la vérité peut-il y avoir pour elle? Aussi, le besoin d'exercer l'intelligence ne va pas sans un certain effort pour atteindre le vrai. Cependant ce n'est pas la conquête du vrai qui donne satisfaction à ce besoin, c'est l'activité mentale, quelle que soit d'ailleurs la valeur de l'objet sur lequel cette activité s'exerce. C'est pour cela que l'on remédie à l'ennui par le jeu, qui est un emploi désintéressé donné à l'activité de l'esprit. On joue pour jouer, dit-on, ou pour se distraire : cela veut dire pour ne pas laisser l'esprit inactif; ce qui implique bien que l'intelligence aussi a besoin d'exercer sa fonction.

3° Enfin il est encore des tendances ayant pour objet l'exercice de la volonté; c'est-à-dire que nous aimons naturellement à vouloir et à commander. Mais à qui commanderons-nous? D'abord à nous-mêmes, d'où *l'amour de la liberté;* puis aux autres; et ce dernier besoin, si vif chez certaines natures, est le principe de ce qu'on nomme ambition, recherche de l'estime, amour de la gloire, etc. L'origine de ces passions est aisée à comprendre. Avant tout nous voulons être, c'est-à-dire agir, et étendre notre influence en nous et hors de nous. « A voir tant d'hommes nous obéir, dit Bossuet, on a de la peine à se considérer soi-même comme un seul homme. » C'est qu'il y a là une sorte d'extension de notre personnalité, c'est-à-dire la chose du monde qui répond le mieux au plus fondamental de nos penchants.

20. Autres faits sensibles qui dérivent des tendances. — Du fait de nos tendances primitives résultent des conséquences qu'il nous faut maintenant signaler. Toute tendance cherche naturellement à se satisfaire, et elle se satisfait par l'accomplissement de la fonction correspondante. Il y a même nécessité à ce que la fonction soit accomplie et la tendance satisfaite, puisque la vie n'est que l'ensemble des fonctions de tout ordre de l'être vivant. De là le *besoin,* lequel engendre l'*effort* par lequel il peut se satisfaire. Le besoin, comme la tendance dont il est inséparable, n'est pas toujours conscient. La plante a des besoins, et n'en a pas conscience. Chez les animaux, au contraire, le besoin devient conscient, s'il n'est pas satisfait, non pas directement et par lui-même, mais indirectement, par la douleur dont il est la cause. De plus, les êtres vivants, ne trouvant pas en eux-mêmes de quoi satisfaire leurs tendances, se portent naturellement vers les choses extérieures. On ne vit point matériellement, sinon pour un temps très court, de sa propre substance, mais de l'ingestion de substances étrangères qui servent d'aliments ; on ne vit point intellectuellement de la contemplation de soi, mais de l'intelligence qu'on a du monde des corps et du monde des esprits. Quand un objet étranger a donné ainsi satisfaction à quelqu'une de nos tendances, nous éprouvons pour lui ce que l'on appelle un *désir.* Le propre du désir c'est de tendre à la possession, sans rien de plus. Il est naturel et spontané, comme la tendance ; mais il en diffère en ce que la tendance est un fait primordial, et ne suppose rien avant elle, tandis que le désir suppose l'expérience du plaisir que peut nous procurer l'objet extérieur. De plus, la tendance est générale et indéterminée, tandis que le désir a toujours pour objet quelque chose de particulier et de défini. Celui qui a faim ne recherche pas tel mets plutôt que tel autre ; celui qui désire un mets ne recherche que celui-là, et ne se satisferait d'aucun autre.

Au désir s'oppose l'*aversion ;* c'est-à-dire que, lorsque nous avons éprouvé qu'un objet nous cause de la douleur, nous nous en éloignons, en vertu du même principe qui nous fait rechercher ce qui nous a procuré du plaisir.

Lorsque le désir prend un certain caractère de permanence, il constitue ce qu'on appelle une *inclination.* Si, de plus, il est violent et peu disciplinable par la raison, on lui donne le nom de *passion.*

Le désir n'est pas encore le dernier terme de la série des phénomènes sensitifs qu'engendre la tendance. Lorsque nous avons désiré un objet pour le plaisir ou pour l'avantage qu'il nous procure ; que ce désir s'est changé en inclination, quelquefois même en passion, par l'effet de l'habitude ; et que, suivant un terme impropre, mais consacré par l'usage, nous avons *aimé* cet objet, il arrive souvent qu'oubliant la cause primitive de l'attachement qu'il nous inspire, nous finissions par l'aimer pour lui-même, sans avoir égard à l'utilité que nous en pouvons retirer, ce qui ne veut pas dire sans avoir égard à la joie que nous cause sa possession. Par exemple, on commence par aimer l'argent en considération des plaisirs et des biens de toutes sortes dont il est la condition, puis on finit par aimer l'argent pour l'argent même, sans songer à en rien faire, et uniquement pour le plaisir de le posséder : et c'est en cela que consiste proprement l'avarice; car, tant qu'on n'en est pas arrivé là, on est avide plutôt qu'avare. Il est évident que le désir ainsi transformé perd son caractère naturel d'égoïsme, et prend le caractère d'une inclination désintéressée en quelque manière, puisqu'on aime alors l'objet pour lui-même, et non plus pour soi. Ainsi l'avare aime l'argent comme si l'argent avait une valeur absolue. C'est même justement cette aberration de l'intelligence et du cœur qui fait de l'avarice quelque chose de si monstrueux.

En résumé, nous devons reconnaître dans la tendance naturelle et primitive le point de départ d'une série de phénomènes sensibles qui dérivent les uns des autres suivant une loi nécessaire, et qui sont les suivants : tendance, besoin, effort, plaisir, désir ou inclination intéressée, et enfin affection ou inclination plus ou moins désintéressée pour l'objet qui nous a procuré du plaisir. Tous ces phénomènes, tenant aux conditions générales de la nature sensible, doivent évidemment se retrouver chez les animaux comme chez l'homme. Nous passons maintenant à un ordre de faits supérieurs et proprement humains, les *sentiments*.

CHAPITRE III

LES SENTIMENTS

21. L'amour principe de tous nos sentiments. — Les tendances que nous venons d'examiner et les faits qui en dérivent ne sont pas toute notre nature sensible. L'observation constate encore un fait entièrement différent de tous les précédents, l'*amour*, principe de tous nos sentiments.

L'amour est, en soi, indéfinissable; aussi n'a-t-il pas besoin de définition, parce qu'il ne faut qu'être homme pour savoir ce que c'est qu'aimer. Prenons-le donc tel qu'il est donné dans la conscience humaine. Toutefois, il sera bon, pour préciser un peu, d'écarter certaines acceptions usuelles du mot *amour* que nous n'avons nullement en vue ici. Par exemple, on dira couramment qu'on *aime* la musique ou le vin de Bordeaux. Cela signifie simplement que l'on trouve du plaisir à ces choses. On dit encore que tel *aime* sa maison ou son champ. Cela signifie qu'il y est fortement attaché, et qu'il serait désolé de s'en séparer. Ce n'est pas là encore l'amour au sens où nous avons à le prendre. L'amour dont il est question pour nous, c'est l'*affection;* par exemple, c'est l'affection d'un ami pour son ami, d'un père pour son fils. C'est en ce dernier sens seulement que l'amour est un sentiment, et même qu'il est le principe de tous les sentiments.

22. Nature de l'amour. — L'amour est un fait proprement humain, c'est-à-dire un fait qui ne se rencontre que chez l'homme. Certaines apparences pourraient cependant donner lieu de croire que les animaux sont capables d'amour comme les personnes : par exemple, un chien donne des signes de joie en revoyant son maître, il le sert fidèlement, il meurt, dit-on, quelquefois sur sa tombe ; voilà des marques non équivoques d'affection véritable. Oui, dirons-nous, de cette sorte d'affection, ou plutôt d'attachement, qui naît de l'habitude, et dont nous avons déjà donné un exemple plus haut en parlant de l'amour, désintéressé à sa manière, que l'avare porte à son trésor. Il est certain que le développement naturel et spontané de nos tendances primordiales peut engendrer, comme nous l'avons vu[1], des phénomènes sensibles dont les manifestations sont tout à fait semblables à celles de l'amour véritable. Ainsi, entre le dévouement d'un chien et celui d'un ami, il peut n'y avoir pas de différences à faire pour qui n'a égard qu'aux apparences. Ces différences sont réelles pourtant, si l'on va au fond des choses.

Comme chez l'animal on trouverait chez l'homme l'amour sensible, c'est-à-dire cet amour inférieur qui n'est pas l'amour, et qui vient de l'habitude, d'un amour-propre dont on a plus ou moins conscience, et aussi des sens et de leurs appétits. Mais la conscience révèle de plus en nous un amour supérieur, le seul amour véritable, qui n'est point *né de la chair,* comme disent les théologiens, et qui, ne tenant en rien à la matière, ni au temps, ni à quoi que ce soit de périssable, est en nous ce qu'il y a de plus parfaitement libre et de plus réellement divin. C'est l'amour qui met la nature humaine au-dessus de la nature animale, plus que toute autre chose, plus que la raison même, du moins plus que la raison sous sa forme abstraite et scientifique ; car, ainsi que nous le verrons plus tard, dans sa perfection et dans son fond dernier la raison n'est qu'une seule et même chose avec l'amour et la liberté. A la vérité, il ne semble pas qu'on puisse dès cette vie rencontrer l'amour dans sa pure essence. Partout il est plus ou moins mélangé d'appétits et de désirs ; et pourtant, ce qui prouve bien que la conscience humaine ne le méconnaît pas, c'est l'admiration qu'elle éprouve pour sa beauté toutes les fois qu'elle le rencontre. Un amour né du jeu spontané de nos tendances n'exciterait pas de pareils transports.

Nous n'avons pas à étudier ici l'amour en lui-même, mais seulement l'amour humain tel que l'observation nous le fait connaître. La première question qui se pose à ce sujet est celle-ci : Qui peut être objet d'amour ?

23. Qui peut être objet d'amour ? — A notre avis, par cela même que seules les personnes sont capables d'aimer, seules aussi elles peuvent être objets d'amour. En voici la raison. L'amour tend naturellement à la perfection ; mais la suprême perfection

---

[1]. A la fin du chapitre précédent.

c'est l'amour lui-même : tout ce qui n'est pas capable de s'élever jusqu'à l'amour n'est que poussière et néant. Il résulte de là que le seul objet possible de l'amour c'est ce qui est soi-même, ou du moins ce que nous jugeons capable d'amour, c'est-à-dire les personnes et les choses personnifiées. Il est même si nécessaire d'aimer pour être aimable que l'amour que nous donnons aux personnes est toujours en proportion de celui dont nous les croyons capables. On pardonne beaucoup à ceux qui ont le cœur bon. Si Dieu peut être de la part de l'homme l'objet d'un amour plus grand que tous les autres, c'est que l'homme a le sentiment confus, mais très réel, que Dieu est lui-même l'amour parfait et infini.

On s'imagine quelquefois qu'il est possible d'aimer des animaux. C'est une erreur. Nous pouvons être très fortement attachés à des animaux, et même à des choses insensibles; mais, pour que nous puissions les aimer, il faut que nous leur prêtions une âme capable d'amour comme la nôtre. C'est ce que Lamartine a fortement senti et exprimé dans ces beaux vers :

> Montagnes que voilaient les brouillards de l'automne,
> Vallon que tapissait le givre du matin,
> . . . .
> Objets inanimés, avez-vous donc une âme
> Qui s'attache à notre âme et la force d'aimer?
> (*Milly.*)

Une autre opinion non moins inacceptable que la précédente est celle qui consiste à croire que nous pouvons aimer les choses de l'ordre le plus abstrait. Suivant les partisans de cette théorie, il existerait en nous trois catégories de sentiments : les sentiments *personnels* et intéressés ayant pour objet nous-mêmes; les sentiments *altruistes* ou désintéressés ayant pour objets nos semblables; et enfin certains sentiments appelés *impersonnels* ou *supérieurs*, et dont les objets seraient de pures abstractions, comme le vrai, le beau, le bien. Pour réfuter cette théorie, il suffira de faire remarquer que le vrai, le beau, le bien, considérés dans leur nature abstraite, ne sont rien que des mots. Ce qui existe, et ce qui seul peut être objet d'amour, par conséquent, ce sont les pensées vraies, ou l'aptitude à les produire, les objets beaux et les actions bonnes. Aimer le vrai, le beau et le bien abstraits serait donc n'aimer rien du tout. Mais les pensées vraies et les actions bonnes sont elles-mêmes encore des abstractions en quelque sorte, si on les considère indépendamment des sujets dans lesquels elles se réalisent. Donc ce que nous pouvons aimer ce sont seulement ces sujets pour la grandeur de leur intelligence, pour la beauté de leurs formes, ou pour la moralité de leurs actions.

On fait observer cependant que nous tendons au vrai sans autre considération que celle du vrai lui-même, et avec un désintéressement absolu. Rien n'est plus exact; mais on aurait tort de conclure de là soit à un sentiment, soit, comme on dit quelquefois, à une inclination pour la vérité en soi, et en tant qu'essence abstraite. Il faut bien comprendre, en effet, que l'intelligence est naturellement faite pour la vérité, et que la vérité seule peut la satisfaire. Dès lors, il n'est pas nécessaire de supposer dans notre nature un penchant spécial à l'égard de la vérité pour expliquer comment l'intelligence se porte vers le vrai, s'attache au vrai, même sans intérêt, et répugne au faux d'une manière absolue. On a reproché à Reid bien souvent d'avoir inventé un *instinct de véracité* et un *instinct de crédulité* pour rendre compte du fait que, spontanément, nous disons ce que nous pensons et nous croyons ce que l'on nous dit. Mais les philosophes qui prétendent que nous cherchons la vérité parce que nous avons l'*amour du vrai* font-ils autre chose que ce que faisait Reid? L'intelligence, en cherchant la vérité, remplit d'elle-même sa fonction naturelle, et il est inutile de supposer qu'elle y est déterminée par un phénomène dépendant de la sensibilité. Le beau et le bien donneraient lieu à des réflexions analogues. Donc, d'une manière générale, les sentiments ou inclinations dits *impersonnels* ne sont rien de réel : nous ne pouvons aimer que des personnes, ou, ce qui revient au même, des choses personnifiées.

Du reste, comme on l'a dit déjà, si nous aimons les personnes, c'est toujours pour les qualités qu'elles possèdent. Ces qualités peuvent être réelles ou imaginaires. Il ne servirait même à rien qu'elles fussent réelles si nous ne les apercevions pas, et il importe peu qu'elles ne le soient pas du moment que nous croyons les apercevoir. Entre l'amour et l'imagination la solidarité est donc étroite. L'amour, le plus souvent, naît d'une illusion; cette illusion, il l'entretient encore,

> Et dans l'objet aimé tout nous devient aimable.

On a fait remarquer, à ce propos, que nous préférons en général la perfection *en puissance* à la perfection *en acte:* le bouton plaît plus que la rose; on s'attache à l'enfant ou à l'adolescent plus qu'à l'homme fait. Il y a à cela deux raisons. La première c'est qu'à l'égard de ce qui n'est encore que perfection en puissance et espoir d'un développement futur, l'illusion reste pour nous possible. Au contraire, pour tout ce qui est achevé et a donné sa mesure, l'imagination complaisante ne peut plus grand'chose. Il suffit qu'un enfant soit gentil et éveillé pour que ses parents voient en lui le germe des plus brillantes qualités de l'esprit ; mais qu'un homme fait ait l'esprit médiocre, l'amour le plus aveugle aura de la peine à en faire un homme de génie. La seconde raison c'est que l'amour veut pouvoir contribuer à la perfection de l'objet aimé. Cela est aisé à comprendre. Une perfection que nous avons contribué à développer est notre œuvre, en partie du moins ; elle est presque notre perfection à nous-mêmes. Le sentiment personnel qui, comme on l'a dit déjà, se mêle nécessairement à l'amour, trouve donc là une satisfaction très vive, laquelle réagit sur le sentiment affectueux, et tend à en augmenter l'intensité. Si cette satisfaction vient à manquer, il faut que le cœur soit bien généreux pour que son affection n'en soit pas atteinte. On explique par là ce fait étrange que la plupart des hommes ont une tendresse plus vive pour leurs enfants, à qui ils ne doivent rien, que pour leurs parents, à qui ils doivent tant ; et que, généralement, on préfère ses obligés à ses bienfaiteurs. (Voy. *le Voyage de M. Perrichon.*) La raison en est simplement qu'on peut beaucoup pour les premiers, et peu de chose pour les seconds.

On dira que, s'il en est ainsi, nous ne devons guère pouvoir aimer Dieu, puisque de lui nous tenons tout, et que sans lui nous ne pouvons rien. Mais cette difficulté se résout aisément pour qui sait se faire une idée exacte de l'amour de Dieu. L'amour de Dieu, en effet, ne ressemble nullement à l'amour des hommes, bien qu'il en soit le principe. Aimer les hommes, c'est se donner à eux, et par là même se mettre au-dessus d'eux en quelque manière ; car ce qui aime est plus excellent que ce qui est aimé, et en amour, comme en toutes choses, *il vaut mieux donner que recevoir*. Aimer Dieu c'est, au contraire, s'anéantir devant lui, c'est comprendre et sentir que lui seul est grand, c'est savoir que nous lui devons tout et aimer à tout lui devoir. L'amour humain est le plus magnifique témoignage que nous puissions nous donner à nous-mêmes de notre grandeur : l'amour divin est inséparable d'un sentiment profond de notre bassesse, et du besoin absolu que nous avons de Dieu. Voilà pourquoi nous aimons les hommes en proportion de ce que nous avons fait pour eux, et Dieu en proportion de ce que nous avons reçu de lui.

24. L'amour est désintéressé : réfutation du système de La Rochefoucauld. — L'amour est désintéressé par essence, ou plutôt il est le désintéressement même : cela signifie que nous n'admettons pas plus de sentiments personnels que de sentiments prétendus impersonnels et supérieurs. Parler d'*amour de soi*, c'est dénaturer le sens du mot, et l'usage seul peut faire excuser l'emploi d'une locution si défectueuse. Sans doute il est permis d'appeler *amour de soi* l'effort de l'être pour accomplir ses fonctions. Mais ce que l'on peut opposer à l'amour désintéressé ce n'est pas l'amour de soi ainsi entendu, c'est l'égoïsme. Or l'égoïsme consiste à rapporter tout à soi, à ne juger des choses que par la considération du profit ou du dommage qu'on en peut soi-même retirer, en un mot, à faire de soi le centre de l'univers : mais l'égoïsme n'est pas réellement l'amour de soi; car qui dit amour dit affection, dilection, disposition à sacrifier à l'objet aimé ses goûts, ses intérêts, tout ce par quoi on est attaché à l'existence. Or il est clair que nous n'éprouvons pas un sentiment pareil à l'égard de nous-mêmes. Vivre pour soi seul n'est donc pas s'aimer soi-même, c'est n'aimer rien du tout, c'est être incapable d'amour.

Un tel état d'âme peut-il se rencontrer dans l'humanité? Existe-t-il des humains assez déshérités des dons du Ciel pour n'avoir point d'affections en dehors de celles qui tiennent à la nature animale? On serait tenté de le croire en voyant comment tant de gens comprennent l'existence, et de quelle façon ils traitent leurs semblables. Mais un homme qui serait inaccessible au sentiment de l'amour ne serait plus un homme. Il faut donc admettre que, si beaucoup d'hommes sont ordinairement durs et égoïstes, il n'en est aucun dans l'âme duquel le feu de l'amour ne couve en secret et ne se ranime quelquefois. Chez les meilleurs d'entre nous la générosité a ses défaillances; il est impossible que, chez les plus mauvais, un bon sentiment ne puisse jamais s'élever.

S'il en est ainsi, s'il est vrai que l'égoïsme n'est absolu et radical chez aucun homme, que penser d'une doctrine suivant laquelle il serait absolu et radical chez tous les hommes, sans exception possible? Cette doctrine est monstrueuse, et pourtant elle existe. Elle a même inspiré des systèmes entiers de philosophie, celui de Hobbes, par exemple. Mais Hobbes prend l'égoïsme universel et nécessaire pour un fait indiscutable, et il ne cherche même pas à l'établir. La Rochefoucauld fait plus : il entreprend de démontrer ce fait par l'analyse des principaux sentiments du cœur humain, et cette analyse, souvent admirable de subtilité et de finesse, le conduit à cette conclusion générale que « toutes nos affections, toutes nos vertus, vont se perdre dans l'intérêt comme les fleuves dans la mer ».

Que cette doctrine soit, moralement, très dangereuse, c'est ce qu'il est facile d'apercevoir. Si, en effet, l'homme est incapable d'un sentiment vraiment désintéressé, la loi morale ne peut lui commander le désintéressement, puisque « à l'impossible nul n'est tenu »; et comme la seule chose que puisse nous commander la loi morale c'est le renoncement à ce qui flatte nos passions, c'est-à-dire, précisément, le désintéressement, il s'ensuit que, si La Rochefoucauld a raison, la loi morale n'a plus d'objet. Mais, en général, il ne suffit pas pour réfuter une doctrine de lui opposer les conséquences qu'elle entraîne, parce que ce n'est pas là faire voir où est le vice de la doctrine. Nous devons donc chercher une réfutation plus directe. La chose, du reste, est assez facile.

La thèse du livre des *Maximes,* telle que la présente son auteur, est incertaine, et peut être prise en deux sens différents. Il est des moments où La Rochefoucauld paraît admettre que nous sommes tous égoïstes sciemment et de propos délibéré. Au contraire, quelquefois il parle des subtilités merveilleuses de l'amour-propre, qui font que, croyant agir pour les autres, nous ne cherchons en réalité que notre intérêt. Entre ces deux manières de présenter l'égoïsme des humains il faudrait choisir, car il est clair qu'elles s'excluent l'une l'autre. La Rochefoucauld soutiendrait peut-être qu'elles sont vraies toutes deux, mais applicables à des cas différents. La réponse ne serait pas recevable, attendu que dire que nous sommes égoïstes quelquefois à notre insu, et quelquefois de propos délibéré, c'est dire une chose que tout le monde sait, et qui ne peut être contestée par personne. Mais la question est de savoir si ces deux *quelquefois* comprennent la totalité des cas réels. Or c'est là un point que La Rochefoucauld est dans l'impossibilité absolue de démontrer, puisqu'il n'envisage jamais que des cas particuliers. Pour que sa doctrine eût un sens, il faudrait qu'il pût formuler une loi générale embrassant tous les cas sans exception, et, par conséquent, qu'il s'attachât à l'un de ses modes d'explication en rejetant l'autre absolument. Mais c'est ce qu'il ne peut pas faire, justement parce que ses deux modes d'explication sont vrais l'un et l'autre pour des cas particuliers.

Du reste, si le livre des *Maximes* abonde en pensées ingénieuses ou profondes, il est certain qu'un bon nombre des analyses qu'il contient sont superficielles et fausses. Par exemple, il n'est pas vrai qu'être bon « ce soit prêter à usure sous prétexte de donner » ; que la reconnaissance soit « comme la bonne foi du marchand, qui entretient le commerce » ; que la pitié « ne soit qu'une habile prévoyance des maux où nous pouvons tomber » : et comme c'est sur des analyses de ce genre que repose entièrement la thèse de La Rochefoucauld, nous pouvons dire que cette thèse manque absolument de fondement, ce qui suffirait à la rigueur pour nous dispenser de la réfuter, puisque, suivant l'adage ancien, *quod gratis affirmatur gratis negatur.*

La doctrine de La Rochefoucauld a été reprise en Angleterre sous une forme atténuée par Bentham, Stuart Mill et Spencer.

Suivant ces auteurs, l'homme, à l'origine, est purement égoïste : il vit pour lui seul et ne cherche que la satisfaction de ses appétits. Mais, en agissant ainsi, il se met en état de guerre avec ses semblables, et par là se condamne à une misérable existence. La réflexion lui fait comprendre que la paix est la condition première de son bonheur, et que cette paix, les autres ne la lui donneront qu'à la condition qu'il la leur donne lui-même. Cette nécessité est déjà pour son égoïsme un premier frein. La nature lui en impose un second. En vertu des lois de l'association des idées, le spectacle qu'il a sous les yeux de la douleur d'autrui éveille dans son esprit le souvenir des douleurs semblables que lui-même a éprouvées autrefois, et par conséquent lui est pénible. Il souffre donc à voir souffrir ceux qui l'entourent, c'est-à-dire que dans son âme naissent des dispositions à la pitié et à la bienveillance. Une circonstance vient encore renforcer ces dispositions : c'est qu'obéissant à la sympathie naturelle, il trouve bientôt plus de plaisir à travailler au bonheur d'autrui qu'au sien propre. Ainsi cette tige sauvage de l'égoïsme, qu'on croirait au premier abord incapable de porter autre chose que des fruits amers, par un développement spontané de sa nature, et sous l'empire de lois en quelque sorte mécaniques, finit par donner naissance aux fruits savoureux, d'abord de la justice envers autrui, et ensuite de la générosité, de la bonté, du sacrifice de soi-même.

Cette doctrine, on le voit, ne nie pas le désintéressement, même absolu ; ce qu'elle nie, c'est seulement l'origine transcendante, et l'on peut dire divine, que nous avons attribuée à l'amour, réduisant les sentiments les plus nobles de la nature humaine à cet amour animal dont nous parlions plus haut (20 et 22), c'est-à-dire niant le sentiment. Nous ne pouvons pas en donner ici la réfutation, parce que la question touche à des problèmes d'une portée très haute et très étendue, que nous ne sommes pas en mesure d'aborder maintenant, les problèmes auxquels donne lieu la nature de la raison. Au commencement du présent chapitre nous posions l'amour avec son origine transcendante, sans essayer aucune démonstration. Nous ne pouvons encore, au point où nous en sommes, que persister dans cette attitude. Les philosophes anglais, en cherchant dans la nature animale de l'homme l'origine de ses sentiments les plus élevés, sont dans la logique de leur système. On verra plus loin qu'en adoptant la thèse contraire, nous sommes dans la logique du nôtre.

25. La haine contraire de l'amour. — A l'amour s'oppose la haine, son contraire. Tout ce que nous venons de dire de l'amour pourrait se répéter au sujet de la haine, *mutatis mutandis*. Comme l'amour, la haine est un sentiment mélangé d'appétits, de désirs, et surtout d'aversions. Comme l'amour aussi, la haine agit sur l'imagination, dont, en retour, elle subit l'influence; c'est-à-dire qu'elle vit d'illusions, et qu'elle entretient les illusions qui la flattent. Comme l'amour enfin, la haine est en soi un sentiment désintéressé, ainsi que le prouvent bien, selon une très juste remarque de Hume, les efforts et le sacrifice de leurs biens, de leur bonheur et de leur vie même qu'ont fait parfois certaines personnes pour satisfaire une passion haineuse[1]. La seule question particulière à laquelle la haine puisse donner lieu, c'est de savoir si, de même qu'il y a en quelque sorte deux amours, l'un naturel, qui naît du développement spontané de nos tendances, et l'autre d'essence supérieure, auquel seul le nom d'amour convient véritablement, et qui est identique à la volonté libre, il y a aussi deux haines, l'une naturelle, tenant à la sensibilité et pouvant se rencontrer chez les animaux, l'autre tenant à la volonté, libre comme elle et propre à l'homme. A notre avis, c'est par l'affirmative que cette question doit être résolue. L'amour c'est la volonté bonne; la haine, la volonté perverse : dans les deux cas le fond est identique.

On peut se demander encore s'il ne conviendrait pas de réduire, avec Bossuet, la haine à l'amour même, et de dire que la haine que nous portons à un objet ne vient que de l'amour que nous éprouvons pour son contraire. C'est là une question difficile, que nous serions tenté de résoudre dans le sens opposé à celui

---

1. Voy. *Bug Jargal*, ou le Claude Frollo de *Notre-Dame de Paris*.

de Bossuet. L'amour d'un objet n'est pas, à notre avis, une explication suffisante de la haine qu'on a pour l'objet contraire. La haine doit donc être quelque chose de positif et de fondamental, comme l'amour. La haine, nous venons de le dire, c'est la volonté perverse. Or il semble que la volonté puisse être perverse originellement et radicalement, comme elle peut être bonne. Mais nous ne pouvons pas discuter ici ce point, qui se rattache aux plus importants et aux plus embarrassants problèmes de la métaphysique, ceux du mal et de l'erreur.

26. Première classification des sentiments. — Nous avons dit que l'amour est le principe commun de tous nos sentiments. Il en est l'élément fondamental, mais non l'élément unique. Autrement, nous n'aurions jamais qu'un seul sentiment, qui serait l'amour lui-même : or nous en avons une infinité. On peut dire que l'amour est à l'ensemble des éléments qui concourent avec lui pour former un sentiment complexe ce que, dans un son donné ayant hauteur et timbre, le son fondamental est aux harmoniques. Ces éléments qui viennent s'adjoindre à l'élément fondamental de l'amour peuvent être extrêmement divers : ce sont, en général, des désirs, des images, des tendances particulières même inconscientes ; et la variété des combinaisons qui peuvent se produire de cette manière est telle que l'on ne trouverait jamais chez deux individus différents deux sentiments absolument identiques l'un à l'autre. Chacun a sa manière d'aimer, fût-ce un seul et même objet; c'est-à-dire que chacun de nos sentiments est l'expression de notre personnalité tout entière, et qu'il porte l'empreinte de notre physionomie morale, laquelle, comme on sait, ne nous est pas moins personnelle que notre physionomie extérieure. C'est pour cela que la matière du drame et de la poésie, depuis six mille ans qu'on la cultive, n'est pas encore épuisée.

Classer méthodiquement les sentiments serait difficile, à cause de leur nombre illimité et de leur variété. Tout ce que l'on peut faire, c'est d'énumérer les principaux d'entre eux, en montrant leurs rapports soit à l'amour soit à la haine, puisque l'amour et la haine en sont les éléments essentiels, et en faisant voir quels éléments accessoires s'ajoutent à ceux-là pour donner au sentiment total son caractère et sa physionomie.

Parmi les sentiments qui ont l'amour pour base on peut citer :

La *sympathie*, qui n'est que l'amour uni à une disposition à prendre part aux joies et aux souffrances de l'objet aimé;

La *bienveillance,* c'est-à-dire l'amour accompagné d'un souhait de voir heureuse la personne qu'on aime;

Le *respect,* c'est-à-dire l'amour uni à la considération des qualités morales d'une personne et à la crainte de lui déplaire;

L'*estime,* c'est-à-dire l'amour uni à un jugement d'approbation sur les actes de la personne aimée;

L'*admiration,* c'est-à-dire l'amour joint à la considération de la grandeur, du mérite et des qualités non plus morales, mais naturelles, de la personne aimée.

Voici maintenant d'autres sentiments qui ont pour fond commun la haine, et qui sont les contre-parties des précédents :

L'*antipathie,* c'est la haine jointe à la disposition à abandonner autrui à son sort sans prendre part à ses joies ni à ses peines;

L'*envie,* c'est la haine avec le souhait de voir arriver du mal à autrui ;

Le *mépris,* c'est la haine jointe à la désapprobation du caractère ou des actions de celui qu'on hait;

Le *dédain,* c'est la haine unie à l'opinion de notre supériorité sur autrui.

Ces harmoniques du sentiment fondamental n'en sont pas seulement des concomitants ajoutés après coup, ils en sont aussi très souvent les antécédents et les promoteurs. Par exemple, on a commencé par reconnaître la valeur morale d'une personne. Ce n'est là qu'un jugement, mais ce jugement provoque un mouvement affectueux plus ou moins vif, et l'on a alors le sentiment de l'estime. Pour s'élever soi-même on veut rabaisser autrui, et parce qu'on veut le rabaisser on le hait sous les formes de l'envie, du dédain, etc. On comprend dès lors que non seulement la nature, mais encore l'intensité d'un sentiment, varie avec le nombre et la puissance des harmoniques qui l'accompagnent. Ainsi M. Herbert Spencer fait observer avec raison que l'étonnante puissance du sentiment qu'on nomme proprement *amour* (amour d'un sexe pour l'autre) s'explique fort bien par ce fait que toutes les tendances de notre nature, les corporelles comme les spirituelles, se rencontrent dans ce sentiment et y trouvent leur satisfaction. De même, et pour des raisons tout à fait analogues, quoique inverses, la répulsion que nous inspirera un objet sera d'autant plus grande qu'il froissera davantage nos sentiments naturels.

27. Autre classification des sentiments. — On peut encore classer les sentiments d'un point de vue différent, par rapport à l'étendue des groupes sociaux qu'ils ont pour objets. Partant de là, on est conduit à reconnaître quatre sentiments principaux :

1° La *philanthropie*. — On est porté quelquefois à confondre la philanthropie avec le cosmopolitisme. C'est une erreur. Le cosmopolitisme n'est pas un sentiment, c'est une thèse suivant laquelle les frontières des nations devraient être abaissées, et tous les peuples confondus en un seul peuple. La philanthropie, au contraire, est un sentiment : c'est l'amour des hommes en général. Mais comment l'entendre ? Dira-t-on que nous aimons ou que nous devons aimer tous les hommes ? C'est impossible, par la raison simple qu'on n'aime que ce que l'on connaît, et que nous ne connaissons qu'un très petit nombre d'hommes. Il serait donc absurde de nous demander un sentiment affectueux pour une infinité de personnes dont nous n'aurons jamais connaissance. La philanthropie consisterait-elle plutôt dans un sentiment de bienveillance embrassant ensemble l'humanité tout entière ? On l'a entendue ainsi quelquefois ; mais c'est encore là une doctrine inadmissible, attendu qu'il n'est pas dans la nature de nos sentiments d'être collectifs : on n'a pas un seul et même sentiment pour deux personnes à la fois, mais deux sentiments différents s'adressant séparément à chacune de ces personnes. Dès lors, la philanthropie ne peut être qu'une disposition générale, et ordinairement inactive, à assister tout homme qui pourra avoir besoin de secours, pour la seule raison qu'il est homme. Que cette disposition existe chez tous ceux d'entre nous que n'a pas gâtés un incurable égoïsme ; qu'elle subsiste même à quelque degré chez tous les hommes, sans en excepter les plus mauvais, c'est ce qui ne peut se contester. Nous avons tous le sentiment confus qu'un homme, quel qu'il soit, a sur nous des droits que ne posséderait pas un animal, cet animal nous fût-il cher. Il y a entre tous les membres de la grande famille humaine une solidarité naturelle, dont le sentiment s'éveille en nous dès que nous voyons souffrir l'un de nos semblables, fût-ce un homme indigne, fût-ce un ennemi.

Homo sum, humani nihil a me alienum puto,

a dit admirablement Térence, et cette belle maxime est demeurée comme la formule immortelle de la vraie philanthropie.

Si, maintenant, au sentiment naturel qui nous porte à considérer tous les hommes comme nos frères et à les assister dans leurs besoins vient se joindre la considération que Dieu nous commande de les aimer parce que lui-même les aime, et que leurs âmes sont d'un prix infini comme les nôtres; si, en d'autres termes, nous les aimons en Dieu et pour Dieu, — et il n'y a pas d'autre manière de les aimer bien, — la philanthropie change de nom, en même temps que sa nature s'élève : elle devient la *charité*.

2° Le *patriotisme*. — Le patriotisme est un sentiment très complexe, et dont il serait par là même difficile d'en donner une analyse entière. En soi, c'est un sentiment désintéressé, puisque, sous l'empire de ce sentiment, tant d'hommes sont morts avec joie pour leur patrie; et cependant l'intérêt, ou tout au moins les inclinations personnelles, y tiennent une grande place. Ainsi notre amour de la patrie est fait de l'amour que nous avons pour le pays natal, pour notre famille, pour nos amis, et aussi pour nos intérêts matériels. Le patriotisme est ce qui lie entre eux tous les membres d'un même État, et ce qui les attache à la patrie commune. Pour que ce sentiment puisse naître parmi des hommes et se développer, il faut donc que ces hommes aient une patrie, ce qui n'arrive pas toujours. Les sauvages ont leur tribu, qui est pour eux comme une extension de la famille, et au sort de laquelle leur sort personnel est attaché ; ils n'ont pas de patrie à proprement parler. L'idée de patrie est une idée qui ne peut naître que chez un peuple dont la nationalité est constituée à un certain degré, et qui déjà est parvenu à un état assez avancé de culture intellectuelle et morale. Le sentiment patriotique est donc, non pas un sentiment primitif et inné dans l'homme, comme la philanthropie ; c'est un fruit du progrès des idées et de la civilisation : raison de plus pour le cultiver dans les âmes.

Au patriotisme on peut rattacher l'*esprit de corps*. L'esprit de corps consiste dans l'union naturelle que contractent entre eux des hommes vivant ensemble, livrés aux mêmes occupations, ou ayant des intérêts communs. Par exemple, l'esprit de corps existe au plus haut point dans l'armée, dans la marine, dans certaines grandes administrations d'État. En général il tend à se développer d'autant plus qu'il est moins contre-balancé par l'esprit de famille, lequel, au contraire, est plutôt individualiste.

3° Les *affections de famille*. — Ces affections varient avec la nature des relations que la famille comporte. Par exemple, l'amour du père pour son fils n'est pas l'amour du frère pour son frère, de l'époux pour son épouse. Ce qui fait la force des affections de famille c'est sans doute la communauté du sang et du nom, mais surtout la communauté des intérêts, et, plus encore que tout le reste, les souvenirs d'enfance, la longue habitude de vivre ensemble, et, comme dit le poète :

> La douce accoutumance, ouvrière d'amour.
> (Lucrèce, trad. Martha.)

4° Les *affections électives*. — On donne ce nom à des affections individuelles dont nous avons nous-mêmes librement choisi les objets. On peut ramener ces affections à deux principales, l'*amour* et l'*amitié*. Nous ne pouvons pas donner ici une analyse détaillée de ces deux sentiments : c'est une matière qui a été abondamment traitée par les anciens, et surtout par Aristote[1] pour ce qui concerne l'amitié, et par les romanciers et les poètes dramatiques de tous les temps pour ce qui concerne l'amour. Contentons-nous de marquer brièvement les différences principales que ces deux sentiments présentent.

L'amitié, sans être exclusive, est jalouse, en ce sens qu'elle veut être payée de retour. C'est un sentiment délicat, fondé sur l'estime et sur la bienveillance réciproques, et que, par suite, on froisse aisément. L'amour, tenant davantage à la sensibilité physique, est exclusif en ce sens qu'il n'admet pas de partage; mais il résiste mieux aux épreuves de l'ingratitude. C'est un sentiment ardent, qui s'éveille parfois tout à coup avec une intensité extraordinaire. L'amitié, plus calme et plus intellectuelle par nature, demande du temps pour se former; mais, comme elle croît plus lentement, elle est aussi plus durable.

28. Le sentiment religieux.

— Il est encore un sentiment qui n'a point sa place dans les diverses classifications que nous avons proposées, parce qu'il est le principe de tous les autres sentiments, et qu'il les dépasse tous : c'est le sentiment religieux. S'il est vrai, comme nous l'avons dit, que le véritable objet de l'amour ce soit la perfection, non pas la perfection abstraite, mais la perfection concrète et vivante que réalisent les personnes à des degrés divers, comment n'aimerions-nous pas de toutes les forces de notre cœur Celui qui est la perfection absolue et la source de toute perfection, c'est-à-dire Dieu ? L'expérience, il est vrai, montre que Dieu tient au contraire une place bien petite dans le cœur d'une multitude d'hommes. La chose est aisée à comprendre. Dieu échappe à nos sens : si nous pouvons le trouver quelque part, c'est en nous-

---

1. *Morale à Nicomaque*, liv. VIII et IX.

mêmes et dans le for intérieur de la conscience. Or la plupart des hommes, tout entiers captivés par les objets extérieurs, songent peu à rentrer en eux-mêmes, et finissent par en perdre le goût et même le moyen. De là vient qu'ils courent toute leur vie après des fantômes, oubliant la seule vraie réalité pour les plus trompeuses apparences. Pourtant leur illusion même témoigne que l'amour de Dieu est encore le moteur qui les fait agir; car, que cherchent-ils dans la nature sensible, sinon la perfection et le bonheur? Cet amour est, chez eux, sorti de sa voie, altéré et corrompu, mais il subsiste, parce qu'il est impérissable. Pour le cœur de l'homme, comme pour sa pensée, et bien plus encore que pour sa pensée, Dieu est et demeure, en dépit des plus grands égarements, le principe de tout.

CHAPITRE IV

LES PASSIONS ET LES ÉMOTIONS

29. La passion au sens de saint Thomas et de Bossuet. — Le mot *passion* se prend en philosophie en deux sens différents. Au premier sens, qui est celui de saint Thomas, de Bossuet et des Cartésiens en général, le mot passion désigne tous les états affectifs de l'âme, tout ce qui est en nous irrationnel ; de sorte que tous les phénomènes de sensibibilité, ou à peu près, sont compris dans les passions ainsi entendues. Partant de là, Bossuet, après saint Thomas, distingue onze passions principales, qu'il divise en deux groupes : les passions *concupiscibles,* qui ne supposent aucun obstacle entre elles et leur objet, et les passions *irascibles,* qui supposent, au contraire, un obstacle entre elles et leur objet. Les premières sont au nombre de six, qui s'opposent deux à deux comme des contraires, et qui sont : l'*amour* et la *haine,* le *désir* et l'*aversion,* la *joie* et la *tristesse.* Les autres sont au nombre de cinq : l'*audace* et la *crainte,* l'*espérance* et le *désespoir,* et enfin la *colère.*

Cette manière d'envisager et de classer les passions est légitime sans doute, car, évidemment, rien n'empêche de donner le nom de passions à tous les mouvements de l'âme dont le principe n'est ni dans la raison ni dans la volonté ; mais on comprendra que nous ne puissions pas l'adopter après l'étude que nous avons déjà faite des sentiments. Ainsi, parmi les sentiments, et même au premier rang, nous avons rencontré déjà l'amour et la haine ; nous ne pourrions donc plus les laisser au nombre des passions sans faire double emploi. De plus, nous pensons avec Kant qu'il y a lieu de distinguer les émotions des passions proprement dites, et cela nous oblige à retrancher encore de la liste de Bossuet la joie, la tristesse et la colère. Reste le désir et l'aversion, avec l'audace et la crainte, l'espérance et le désespoir. Mais l'audace et la crainte ne sont évidemment que deux formes différentes du désir : l'espérance, c'est le désir uni à la conviction qu'on possédera l'objet désiré, et le désespoir, c'est le désir uni à la conviction qu'on ne le possédera pas, ou qu'on devra subir l'objet pour lequel on a de l'aversion. Toutes les passions doivent donc, ce semble, se réduire pour nous à ces deux passions contraires, le désir et l'aversion.

30. Autre théorie des passions. — Le désir et l'aversion doivent, en effet, être considérés, sinon comme les passions fondamentales, du moins comme les sources de toutes nos passions. Mais tout désir ne constitue pas une passion par lui-même : il faut, comme nous l'avons déjà dit, réserver ce nom de *passions* aux désirs devenus habituels et peu ou point disciplinables par la raison ; et l'on appellera *inclinations* les désirs habituels qui n'ont pas pris assez de force pour que la raison ne puisse aisément les refréner, s'il est utile ou convenable de le faire.

On remarquera que cette définition des passions concorde bien, et concorde seule, avec l'acception qu'on donne à ce mot dans le langage courant. Par exemple, on parlera de la passion du jeu, de la passion de l'amour ; on dira que l'ambition et l'avarice sont des passions : il est clair que toutes ces acceptions du mot passion ne peuvent désigner que le désir plus ou moins ardent, mais surtout irrationnel, qui parfois nous porte vers certains objets desquels nous attendons du plaisir.

Ainsi c'est à l'inclination que la passion s'oppose, et ce qui constitue entre ces deux faits une différence fondamentale, c'est que l'inclination, étant plus modérée, nous laisse la libre possession de nous-mêmes, tandis que la passion, plus ardente, tend toujours à nous ravir l'exercice de la raison et de la liberté.

Mais cette différence n'est pas la seule. On en peut signaler plusieurs autres, qui du reste se rattachent à celle-là :

1° Les inclinations d'un homme vivent généralement en bonne harmonie les unes avec les autres. Par exemple, aimer sa femme et ses enfants n'empêche nullement d'aimer sa patrie. C'est même le contraire qui a lieu. Nos inclinations se constituent par groupes suivant leurs affinités, et c'est la nature de ces groupes qui fait le caractère de chacun ; de sorte que, loin de se contrarier entre elles, nos inclinations se soutiennent et se déterminent en quelque sorte mutuellement. Il est fort à croire que celui qui a été bon ils sera aussi bon époux, bon père et bon citoyen. Au contraire, la passion est jalouse, intolérante et exclusive. Une grande passion exclut en général toutes les inclinations modérées qui sont naturelles à l'homme, et surtout elle est incompatible avec toute autre passion vive, à moins que celle-ci ne tende au même objet qu'elle. Par exemple, l'ambitieux peut être avide d'argent, parce que l'argent est un moyen pour parvenir aux honneurs; mais le véritable ambitieux n'aime réellement ni sa famille, ni ses amis, ni sa maison, ni son champ, ni rien de ce qui attache un homme dont les aspirations sont plus modestes. C'est pour cela que, lorsqu'une grande passion vient à être définitivement privée de son objet, il se produit dans l'âme un vide affreux, et souvent un violent désir de mourir. C'est qu'une grande passion détruit tout ce qui nous attache à la vie, à savoir nos affections et nos inclinations, de même qu'un grand arbre ne permet à aucune plante de pousser à son ombre. L'arbre abattu, le sol apparaît dans sa nudité désolante.

2° L'inclination a pour fin la seule satisfaction des besoins et des penchants de la nature. Si elle nous porte vers des objets déterminés que nous avons éprouvés nous être agréables, c'est plutôt en vue de leur utilité pour l'accomplissement de nos fonctions que pour le plaisir même attaché à leur possession, en quoi elle a un caractère de véritable désintéressement. La passion, au contraire, est égoïste : elle n'a nullement en vue l'accomplissement des fonctions ni la conservation de la vie, mais le plaisir seul. Souvent même par ses exigences elle tend à la ruine du corps et des facultés de l'âme, en tant que celles-ci dépendent des organes. Ainsi le gourmand, loin de manger pour vivre, détruit sa santé, à laquelle il préfère le plaisir de manger.

31. Causes générales du développement des inclinations et des passions. — L'essence commune des passions et des inclinations c'est, comme nous l'avons dit, le désir d'éprouver à nouveau un plaisir déjà éprouvé ou simplement imaginé. Au désir que peut éveiller en nous le souvenir du plaisir passé se joignent en général certaines tendances naturelles, et quelquefois aussi des sentiments. Par exemple, ce qui nous fait désirer de revoir un ami, ce n'est pas seulement le souvenir des joies que nous avons autrefois goûtées avec lui, mais c'est aussi la sympathie qu'il nous inspire. Naturellement, l'effet de ces adjonctions c'est de renforcer l'intensité du désir. D'autres causes encore contribuent à produire ce résultat, par exemple l'attention et l'habitude : c'est-à-dire que le fait d'avoir longtemps concentré son attention sur un objet a pour effet naturel de faire éprouver de l'attrait pour cet objet. Ainsi, on n'aimait pas autrefois les mathématiques, mais maintenant on les aime pour les avoir beaucoup étudiées. Donc différentes causes, en dehors du plaisir éprouvé, contribuent soit à faire naître, soit à fortifier, soit au contraire à amoindrir en nous les inclinations; mais parmi ces causes la plus importante, en raison de sa puissance, et aussi en raison de sa nature, c'est la volonté.

La volonté agit sur les inclinations et sur les passions de deux manières différentes : par l'attention dont elle est maîtresse, et par l'action. La passion, en effet, vit de deux choses: d'images ou de représentations, et de satisfactions réelles. Si donc la volonté n'intervient pas pour détourner l'attention des objets que la passion convoite; si surtout elle attise les désirs en présentant à l'esprit des images; si enfin elle consent à l'acte même, elle contribue à donner à la passion une puissance qui peut à la fin devenir presque irrésistible. Au contraire, en privant la passion de son objet, la volonté travaille de la manière la plus efficace à la détruire; car, comme dit Bossuet, « la passion se lasse de toujours convoiter sans être jamais satisfaite, de n'avoir que la malice du crime sans en avoir le plaisir; c'est pourquoi la passion frustrée commence à s'affaiblir, et, toujours impuissante, prend le parti de se modérer ». Cependant il arrive quelquefois que des passions s'exaltent par le fait qu'elles sont froissées : par exemple, l'amour et l'orgueil. Dans ce cas, on peut juger que la raison a perdu tout empire ; et là où la raison est définitivement impuissante, il est clair qu'il n'y a plus de remèdes.

Il est d'autres causes encore qui agissent sur les inclinations et sur les passions, soit pour les faire naître, soit pour augmenter leur puissance, soit pour modifier leur cours : par exemple, l'âge, le sexe, le tempérament, la situation sociale, les circonstances extérieures. Mais la cause qu'il faut noter surtout à cause de son caractère étrange, c'est l'association des idées. C'est une loi que, lorsque deux idées sont associées dans notre esprit, le sentiment que nous éprouvons pour l'un des deux objets qu'elles représentent se reporte sur l'autre, et l'on a ainsi ce que quelqu'un a appelé l'amour et la haine *par ricochet*. C'est pour cela que des personnes qui s'affectionnent se laisseront, avant de se quitter, de ces menus objets qu'on appelle des *souvenirs*, et auxquels chaque ami tiendra infiniment en mémoire de son ami. De même un matelot, dit Adam Smith, ne brûlera jamais la planche sur laquelle il s'est sauvé du naufrage. C'était autrefois un usage des cours de donner de l'avancement à l'officier qui apportait la nouvelle d'une victoire. On pourrait citer une multitude d'exemples analogues. Du reste, il pourra arriver, par un effet de la loi d'habitude, que le sentiment né ainsi par accident s'attache à son objet d'une manière définitive, et persiste alors que les causes qui y ont donné lieu ont disparu. Par exemple, on tient quelquefois à des riens parce qu'ils nous viennent de personnes chères, et l'on continue à y tenir alors même que le souvenir de ces personnes s'est effacé de notre mémoire.

32. Utilité et dangers des passions. — Les passions sont-elles bonnes ou mauvaises?

Deux écoles dans l'antiquité se sont surtout occupées de ce problème. Suivant les Stoïciens, les passions seraient toutes mauvaises, attendu que la perfection de l'activité humaine consiste à n'agir jamais que par raison, sans subir les entraînements de la sensibilité. Kant, plus tard, a repris cette même doctrine. Les Épicuriens soutenaient, au contraire, que toutes nos passions sont bonnes, vu qu'elles tendent toutes au plaisir, et que le plaisir est le bien suprême de l'homme. Du reste ils accordaient que, tout en étant bonnes, les passions ont besoin d'être modérées par la raison.

En parlant des passions comme ils l'ont fait, les Stoïciens et Kant d'une part, les Épicuriens de l'autre, avaient surtout en vue leur valeur au point de vue moral. Pour nous, qui n'avons pas à nous occuper ici de morale, nous envisagerons plutôt la passion au point de vue naturel; et la solution à laquelle nous nous arrêterons, c'est qu'il serait également dangereux de s'abandonner à toutes les passions et de les proscrire toutes sans discernement.

D'abord, qu'il y ait des passions mauvaises en soi, c'est ce qui n'est pas douteux. Sans doute, les passions en général répondent à des fonctions et à des besoins de notre nature; mais il est une foule de besoins auxquels nous satisfaisons très bien sans autre excitant que l'appétit naturel, par exemple le besoin du boire et du manger : aussi la gourmandise est-elle une passion bestiale, et, de plus, une passion dangereuse pour le corps, puisqu'elle nous sollicite à aller au delà du véritable besoin. Mais il est aussi des passions dont l'objet est noble, et dont aucune loi de notre nature ne borne le développement à une limite précise: tels sont l'amour paternel et maternel, le patriotisme, l'amour de la science, etc. Vouloir retrancher de l'âme humaine ces passions serait une erreur grave; car, dans beaucoup de cas, ce sont ces passions qui font la grandeur de l'homme. Il y a dans la vie des circonstances où les difficultés à vaincre sont telles que la volonté et la raison réduites à leurs propres forces n'en viendraient pas à bout. On a besoin alors de l'aiguillon d'une passion qui rende capable d'héroïsme; mais sans passions on ne fait rien de grand au monde. Du reste, il ne faut pas oublier que les passions les meilleures sont irrationnelles, et que toutes, par conséquent, ont besoin d'être contenues et dirigées par la raison. L'expérience montre même que ce sont les passions les plus nobles qui sont susceptibles des égarements les plus monstrueux. Il importe donc au plus haut point que la raison reste toujours maîtresse. Une grande passion est comme un bon cheval, par lequel il faut se laisser porter, mais non pas emporter.

33. Les émotions. — Les émotions ressemblent beaucoup par leur nature aux passions, avec lesquelles on les a du reste souvent confondues. Une émotion, c'est généralement un mouvement violent et brusque de l'âme produisant un mouvement corrélatif dans le corps. Ainsi les émotions font rougir, pâlir, quelquefois tomber en défaillance; elles peuvent aller jusqu'à provoquer des troubles permanents, la folie, la paralysie, etc. Le propre de l'émotion c'est d'être passagère; car, si la cause qui l'a produite persiste, on finit par s'y accoutumer, et si l'on ne s'y accoutumait pas, c'est nécessairement qu'elle aurait produit des troubles organiques irrémédiables.

L'émotion est une sorte d'arrêt subit, ou au contraire d'exaltation, des puissances de notre être, par laquelle la raison et la volonté sont momentanément suspendues, en même temps qu'est arrêtée la suggestion libre et naturelle de nos idées suivant les lois d'association. La passion, au contraire, étant habitude, n'exclut pas toujours une réflexion calme. Seulement elle domine cette réflexion et la dirige vers sa fin, qui, généralement, n'a rien de rationnel. Dans un cas comme dans l'autre, la raison n'est plus maîtresse.

DEUXIÈME PARTIE

DE L'INTELLIGENCE

PRÉLIMINAIRES

DIVISION DES FACULTÉS INTELLECTUELLES

Le mot *Intelligence* désigne, non pas précisément une faculté de l'esprit (à moins qu'on ne le prenne dans le sens particulier de raison), mais plutôt l'ensemble de nos facultés intellectuelles ; de sorte qu'étudier l'intelligence, c'est étudier les diverses formes que prend en nous la faculté de connaître.

Les facultés intellectuelles peuvent se diviser en deux groupes : les facultés *inférieures* ou *sensitives,* et les facultés *supérieures* ou *rationnelles.*

Le propre des facultés sensitives c'est d'avoir leur condition nécessaire, mais aussi, autant qu'on en peut juger, leur condition suffisante dans l'organisme. Nous voulons dire par là que les fonctions organiques auxquelles ces facultés sont liées sont l'unique principe duquel leurs opérations dépendent. Mais il importe de remarquer que, si ces facultés procèdent du corps, c'est d'un corps organisé et vivant qu'elles procèdent, par conséquent d'un corps qu'une âme anime. Ce serait donc une grave erreur de croire qu'elles ont leur fondement dans la matière pure et simple, ou, comme on dit, dans la matière brute. Quoi qu'il en soit, du moment que ces facultés ont leur condition suffisante dans l'organisme, on comprend qu'elles doivent se trouver chez les animaux, et qu'elles soient caractéristiques de la vie animale au même titre que l'automotion. On peut les ramener à trois : la faculté d'acquisition des idées sensibles, ou *perception extérieure ;* la faculté de conservation des idées, ou *mémoire;* la faculté de combinaison, ou *association des idées* et *imagination*.

Mais les facultés sensitives et animales ne sont point encore l'intelligence, au sens élevé du mot, qui en est aussi le sens exact. Percevoir, se souvenir, combiner des images, ce n'est pas comprendre. Il y a donc chez l'homme une fonction supérieure de l'esprit, qu'on peut appeler proprement *raison,* dont l'objet est d'élaborer la connaissance sensitive pour l'amener à l'état d'intelligibilité. La raison et ses opérations ne sont plus, comme les facultés sensitives, sous la dépendance immédiate des fonctions organiques. Elles constituent comme une vie nouvelle et supérieure, et cette vie est propre à l'homme. Du reste, il est évident que les opérations rationnelles ne nous donnent que la forme de la connaissance intellectuelle, et supposent toujours avant elles la matière que fournissent les opérations sensitives. L'activité supérieure de l'esprit ne peut s'exercer à vide; car, pour comprendre, il faut avoir à comprendre quelque chose, et ce quelque chose, matière nécessaire que met en œuvre la raison, ce sont les faits que nous révèlent les sens. De même que, suivant la pensée d'Aristote, la vie *animale,* caractérisée par la sensation et par le mouvement, suppose avant elle la vie *végétative* (la seule que possèdent les plantes), qu'elle s'appuie sur la vie végétative et qu'elle la dépasse, de même aussi la vie *raisonnable* suppose avant elle la vie animale, s'y appuie et la dépasse, bien loin de pouvoir s'y réduire.

Les fonctions supérieures qui se rattachent à la raison sont : l'attention, l'abstraction volontaire ou réfléchie, la généralisation, le jugement et le raisonnement.

CHAPITRE PREMIER

LA PERCEPTION DES CORPS

34. Distinction de la sensation et de la perception. — La *sensation* est, comme le mot l'indique, la simple impression immédiatement reçue par un sens. Ainsi la vue perçoit les couleurs; l'ouïe, les sons; le tact, les résistances, les températures, etc. Les couleurs, les sons, les résistances, les températures, sont des sensations. Au début de l'exercice de nos sens, nous n'éprouvons rien de plus que cette impression immédiate : un aveugle opéré qui ouvre les yeux à la lumière voit des couleurs, et rien autre chose. Plus tard, grâce aux lois de l'association et de l'habitude, la sensation se complique et finit par devenir révélatrice d'objets qui sont des corps. On lui donne alors le nom de *perception*. Par exemple, voir une couleur blanche c'est une sensation, voir une feuille de papier blanc c'est une perception.

Cela étant, le problème de la perception se divise en deux parties : 1° Comment se constituent nos sensations? 2° Comment se transforment-elles en perceptions?

PREMIÈRE PARTIE

35. Nativisme et empirisme. — Il y a lieu de distinguer dans toute sensation trois éléments : le premier sans rapport avec l'espace, les deux derniers, au contraire, relatifs à l'espace. Dans la vision d'une couleur, par exemple, on peut considérer d'abord la couleur elle-même, qui est, si l'on veut, blancheur; ensuite l'étendue de cette couleur, un mètre carré; enfin sa position dans l'espace, à dix pas de moi, à droite, suivant un angle de 45° par rapport à l'axe de mon corps.

La première impression, celle de la pure couleur, est immédiate et n'exige, par conséquent, aucune explication. A l'égard des deux autres circonstances, l'étendue et la position dans l'espace, il en est peut-être autrement. Là-dessus les philosophes se sont partagés en deux écoles, le *nativisme* et l'*empirisme*. Le nativisme consiste à prétendre que la grandeur d'une tache colorée et sa situation dans l'espace sont aussi immédiatement perçues que la couleur elle-même, et par suite ne requièrent pas plus d'explication que la couleur. L'empirisme soutient au contraire que nous n'arrivons à connaître l'étendue et la situation de cette tache dans l'espace qu'au moyen d'un processus dont nous n'avons plus conscience, parce qu'il se fait très rapidement et que l'habitude en a émoussé en nous le sentiment, mais qui est assignable, et dont la science doit s'efforcer de reconnaître la nature.

Ces deux théories renferment chacune une part de vérité. Laissons de côté pour le moment la question de position dans l'espace, et tenons-nous à la considération de l'étendue. Il y a dans l'étendue deux choses que l'on peut distinguer, l'élément qualitatif et l'élément quantitatif. L'élément qualitatif c'est ce qui fait qu'une étendue est une étendue, et non pas une durée ou tout autre objet ; car il est certain que l'étendue est spécifiquement différente de la durée, par exemple, comme un son l'est d'une couleur. A l'égard de ce qui, dans l'espace, est ainsi d'ordre qualitatif, le nativisme doit avoir raison. En effet, si la couleur pure est immédiatement perçue, c'est qu'elle est qualité ; car la perception d'une qualité est toujours immédiate, et, par conséquent, n'est jamais le terme d'une série d'opérations mentales. L'étendue, en tant que telle, étant pure qualité aussi bien que la couleur, doit jouir du même privilège. Mais l'étendue est quantitative aussi, en tant qu'elle a une grandeur, non pas une grandeur purement intensive, comme les qualités sensibles qui sont grandeurs sans être quantités, mais au contraire une grandeur extensive et par là même mesurable. Or, si la grandeur intensive participe de la nature de la qualité en ce qu'elle est perçue en même temps que la qualité et d'une manière non moins immédiate, il n'en est pas de même de la grandeur extensive, dont la connaissance suppose une opération de mesurage, et qui en elle-même est le rapport à une unité, quelque chose, par conséquent, qui se pense et ne se perçoit pas. C'est pourquoi il est impossible que l'impression immédiate d'un sens, en nous révélant l'étendue, nous fasse connaître sa grandeur. Les empiristes l'ont bien compris, et c'est ce qu'il y a de vrai dans leur doctrine.

Quelle est donc, en définitive, la solution du problème ? C'est que nous percevons immédiatement et à la fois la couleur, par exemple, et la qualité extensive inhérente à la couleur, ainsi que le veut le nativisme; c'est-à-dire que nous percevons, non pas des points, mais des surfaces, et des surfaces colorées. Quant à la connaissance des dimensions de ces surfaces, elle exige, comme le disent les empiristes, une opération de mesurage dont nous aurons à déterminer le caractère et la nature.

Ainsi percevoir l'étendue et la mesurer sont deux opérations distinctes l'une de l'autre, et qui s'accomplissent séparément. L'expérience, du reste, fournit sur ce point des témoignages directs. L'un des chirurgiens qui ont rendu la vue à des aveugles-nés, le docteur Dufour de Lausanne, présentait au nouvel opéré deux rectangles de papier blanc ayant même base, mais l'un une hauteur double de celle de l'autre. Celui-ci vit bien qu'il y avait une différence entre ces deux objets; mais il ne put dire de quelle nature elle était, ni, à plus forte raison, laquelle des deux feuilles de papier était plus grande que l'autre. Il y a là un fait singulièrement instructif, et dont le sens est clair. L'aveugle voyait certainement les étendues des deux papiers, puisque entre ces papiers il voyait une différence, et que c'est par l'étendue seule que ces papiers différaient; mais il ne les mesurait pas, puisque, voyant ces étendues différentes, il ne pouvait dire laquelle était la plus grande. Il est donc certain que nos perceptions primitives de l'étendue vont sans aucune mensuration des dimensions de l'étendue.

36. Théorie de la perception de l'espace par le sens musculaire. — Ces principes généraux posés, nous avons à nous demander comment le monde extérieur est perçu. Deux sens seulement, la vue et le tact, peuvent, croyons-nous, être ici mis en cause. Cependant à ces deux sens les psychologues de l'école empirique anglaise en ont voulu adjoindre, ou plutôt substituer un troisième, qu'ils appellent le *sens musculaire*, et auquel ils dévoluent les deux fonctions de percevoir et de mesurer l'espace, inséparables d'ailleurs à leur avis.

Voici comment ils l'entendent. Supposons que j'étende l'un de mes bras vers la droite. A cette position correspond en moi un état de conscience particulier dû à l'état des muscles de mon bras : voilà le *sentiment* ou la *sensation musculaire*. Ce sentiment, c'est toute l'idée que je me fais de la région de l'espace occupée par mon bras. Que maintenant je ramène mon bras d'un mouvement continu de la droite vers la gauche, j'éprouverai dans chacune des positions qu'il occupera une sensation particulière et différenciée de toutes les autres. La série continue de ces sensations me fera connaître toute la partie de l'espace comprise entre les deux posisions extrêmes de mon bras. D'autres mouvements en haut, en bas, en avant, en arrière, me donneront l'idée de l'espace avec ses trois dimensions; et par le déplacement de mon corps entier, déplacement que je puis continuer autant qu'il me plaît, j'apprendrai que l'espace est sans limites. Voilà pour la perception de l'espace en général. Quant à la grandeur d'une étendue en particulier, j'en juge par le temps qu'il me faut pour la parcourir d'une extrémité à l'autre avec un mouvement d'une certaine vitesse; ou, ce qui revient au même, par la vitesse que doit prendre ce mouvement pour la parcourir en un certain temps.

Cette théorie, dans laquelle il n'est pas difficile de reconnaître l'empirisme dont nous parlions tout à l'heure, est inacceptable, et cela pour plusieurs raisons.

37. Cette théorie n'explique pas la perception de l'étendue. — D'abord, les psychologues anglais prétendent que nous sommes incapables de percevoir d'un seul coup une portion réelle de l'espace, et que toute étendue, si petite qu'elle soit, est toujours perçue successivement, c'est-à-dire par parties; ce qui implique que nous ne percevons jamais de l'espace qu'un point indivisible à la fois, et que, par conséquent, l'idée que nous avons d'une étendue donnée c'est l'idée d'une multitude de points contigus les uns aux autres. Or, il est facile de comprendre qu'une étendue ne se compose pas de points juxtaposés, parce que des points en s'additionnant se recouvrent et ne se juxtaposent pas; et que de plus, pussent-ils se juxtaposer, il en faudrait une infinité pour former l'étendue la plus petite que l'on voudra, ce qui est impossible puisqu'une infinité numérique réalisée est une contradiction dans les termes.

En second lieu, si nous ne percevions l'espace que successivement, nous devrions juger que les différentes parties de l'espace existent en succession, de même que nous jugeons que les notes d'un air de musique entendues les unes après les autres sont produites successivement. Or il est certain que les parties de l'espace nous apparaissent, non pas comme successivement, mais comme simultanément existantes. Un philosophe empiriste, M. Herbert Spencer, a cherché à résoudre cette difficulté de la manière suivante. Lorsque j'entends une série de sons, dit en substance M. Spencer[1], mes perceptions se produisent toujours dans le même ordre ; et comme cet ordre est successif, j'en conclus que la série des sons est successive. Au contraire, si je parcours l'espace du point A au point Z, j'éprouve une série de sensations échelonnées de A à Z. Mais je puis aussi parcourir le même espace de Z à A, et si je le fais, j'éprouve identiquement les mêmes sensations que j'ai éprouvées déjà de A à Z, avec cette seule différence que l'ordre de ces sensations se trouve renversé. La possibilité de renverser ainsi l'ordre de mes sensations, lorsque je parcours l'espace, est ce qui me fait connaître que les parties de l'espace existent simultanément et non pas successivement.

Pour donner à ce raisonnement toute la clarté désirable il faudrait, croyons-nous, y ajouter ceci. La possibilité que j'ai de passer de A en Z et de Z en A, et cela toutes les fois qu'il me fera plaisir, m'autorise à juger que A, Z et tous les éléments intermédiaires existent, non pas seulement au moment où je les perçois, mais d'une manière permanente. Or des choses qui existent en permanence existent aussi en simultanéité.

Reste à savoir si cette explication lève la difficulté que nous signalons. Il ne le semble pas. En effet, de quelle nature sera notre connaissance de la simultanéité des parties de l'espace, si cette connaissance est fondée sur la possibilité de renverser l'ordre de nos sensations? Ce sera une connaissance spéculative, mais non pas une représentation effective de nos sens. Nous concevrons que A, Z et toutes les positions intermédiaires existent en simultanéité, mais nous le concevrons sans nous représenter rien. La simultanéité des parties de l'espace demeurera donc pour nous une pure idée, de même que le myriagone régulier. Or, en fait, nous ne concevons pas seulement les parties de l'espace comme coexistantes, nous les voyons ou nous les sentons coexister. Nous croyons voir et sentir, sinon les parties de l'espace, du moins celles d'une étendue restreinte, toutes à la fois. Or c'est là un fait dont l'explication de M. Spencer ne peut rendre compte.

Ainsi, à l'égard de la simple perception de l'étendue, la théorie qui attribue cette perception au sens musculaire paraît en défaut. A l'égard de la mesure de l'étendue, son insuffisance n'est pas moins certaine.

38. Elle n'explique pas la mesure de l'étendue. —

1. *Principes de Psychologie*, sixième partie.

Pour mesurer quoi que ce soit il faut une unité : les psychologues anglais semblent l'avoir oublié. Ils prétendent mesurer l'étendue en la parcourant; mais ce n'est pas la série des sensations musculaires que nous éprouvons en portant, par exemple, le bras de droite à gauche qui nous fournit une unité. L'étendue, nous disent les psychologues anglais, se mesure par la quantité du temps combinée avec la quantité de la vitesse. — Mais la quantité du temps et celle de la vitesse ne donneront la mesure de l'espace qu'à la condition d'être elles-mêmes mesurées. Or, sans parler de la vitesse, il faut, pour mesurer le temps, voir dans la durée autre chose que la succession pure des instants qui sont, ou paraissent être, tour à tour le présent : il faut reconnaître des heures, des minutes, des secondes, c'est-à-dire ramasser en un tout et solidifier en quelque sorte cette multiplicité fluente des parties du temps. Et, pour que cette unification de la durée soit possible, il est nécessaire que notre représentation s'y prête. Donc dans notre représentation du temps il y a autre chose que le pur écoulement des instants successifs. Notre conscience n'est pas seulement une division et une dissolution à l'infini des éléments de la durée, elle en est aussi une concentration et une synthèse. Mais, si l'on est forcé de reconnaître ainsi qu'il y a de l'unité jusque dans le devenir, pourquoi persister à vouloir qu'il n'y en ait aucune dans l'espace, qui semble s'y prêter beaucoup mieux, puisqu'il est permanence? Pourquoi, si la partie du temps donnée à notre conscience, et que nous appelons *le présent*, est une durée véritable, et non pas un instant indivisible, ne pas reconnaître que la partie de l'espace perçue dans cette durée est une étendue véritable, et non pas un point mathématique? Nous disions plus haut que sur la détermination quantitative de l'étendue ce sont les empiristes qui sont dans le vrai; mais il faut l'entendre d'un empirisme qui veut mesurer l'étendue au moyen d'une unité elle-même étendue, et non pas au moyen d'un mouvement réfractaire à toute unification[1].

Ainsi c'est aux sens spéciaux, la vue et le tact, et à ces sens seulement, qu'il faut attribuer la perception de l'espace. Est-ce à dire pourtant que le sens musculaire n'y intervienne en aucune manière? Le prétendre serait une exagération évidente. Le sens musculaire intervient dans la constitution de la sensation même, parce

---

1. Il est vrai cependant que dans la pratique nous jugeons souvent de la grandeur d'un intervalle par la durée et la vitesse du mouvement qu'il a fallu faire pour le parcourir; mais alors le recours à l'unité est sous-entendu : nous savons ce qu'il faut de temps pour parcourir un mètre à une vitesse donnée, ce qui nous permet d'apprécier le nombre de mètres d'après le temps et la vitesse.

que pour percevoir visuellement ou tactilement, nous avons besoin de mettre en action les muscles de l'œil ou ceux de la main. Sans l'adjonction des sensations musculaires, les sensations de couleur et de résistance ne se constitueraient pas, comme privées d'ossature. Le rôle du sentiment musculaire dans la perception en général, loin d'être nul, est donc considérable au contraire; mais il n'est pas celui que lui attribuent les psychologues de l'école anglaise.

39. Perception visuelle : l'étendue transversale.
— Comment donc les sens spéciaux perçoivent-ils l'étendue? Nous commencerons par étudier la vue, et pour cela nous distinguerons la vision de l'étendue transversale et celle de l'étendue en profondeur.

L'étendue transversale est aperçue immédiatement, suivant les principes posés plus haut; mais comment faut-il l'entendre? Les nativistes supposent généralement que nous percevons des étendues bien délimitées et arrêtées par des contours précis. Parler ainsi c'est donner à entendre que l'espace, au moins dans notre représentation, — et l'on peut ajouter dans la réalité, car l'espace de notre représentation est le seul et véritable espace, — est composé de telles étendues. Or dans cette thèse se retrouvent sous une autre forme tous les défauts de la thèse empirique, contre laquelle cependant protestent les nativistes. On peut dresser à ce propos entre les deux doctrines un parallèle instructif.

1° Les empiristes veulent composer le temps et l'espace avec des instants indivisibles et des points mathématiques. Or des instants et des points sont des abstractions, de pures fictions de l'esprit, et non pas des éléments réels au moyen desquels on puisse composer quelque chose. Les nativistes commettent la même faute en nous parlant d'étendues et de durées définies. En effet, si le temps et l'espace sont composés, comme le suppose le nativisme, d'étendues et de durées définies et juxtaposées, il faut bien admettre que ces durées et ces étendues sont de véritables unités, par conséquent de vrais indivisibles, puisque, s'ils étaient divisibles, ils auraient des éléments et ne seraient pas eux-mêmes des composants élémentaires. Mais l'unité pure n'existe pas plus sous la forme d'étendues et de durées que sous celle de points et d'instants.

2° La supposition que des points et des instants puissent, en se juxtaposant, former des étendues et des durées, est, disions-nous plus haut, inintelligible. La supposition que des étendues et des durées définies puissent, en se juxtaposant, former l'espace et le temps, soulève, en dépit de l'apparence contraire, identiquement les mêmes difficultés. En effet, ce n'est pas parce que deux points sont déclarés être les points limites de deux lignes contiguës que disparaît l'impossibilité de comprendre comment ces deux points peuvent se juxtaposer.

3° A supposer que des points et des instants pussent s'assembler, les assemblages qu'ils formeraient garderaient toujours le caractère de multiplicités indéfinies, et par suite ne constitueraient jamais des durées ni des étendues réelles. Car une étendue, par exemple, est autre chose que les points qui la composent, même pris en totalité : du moment qu'elle est une nature *sui generis*, il y a en elle de l'unité, et non pas seulement de la pure multiplicité. De même, à composer le temps et l'espace avec des étendues et des durées finies, on en fait de simples agrégats, c'est-à-dire rien de spécifiquement distinct des étendues et des durées qui les composent. Nous savons bien qu'il est des philosophes qui prendraient assez aisément leur parti de cette conséquence que nous tenons, nous, pour une absurdité. Mais il faut considérer que si le temps n'est qu'une somme de durées, l'espace une somme d'étendues, et si ni l'un ni l'autre ne sont uns, l'univers non plus n'a pas d'unité; et alors il n'y a plus d'expérience possible, puisque, ainsi que nous le montrerons plus loin, il n'y a d'expérience réelle que dans un monde dont tous les phénomènes sont en connexion les uns avec les autres.

Ajoutons que la thèse nativiste est en contradiction directe avec les faits. Il n'est pas vrai que les limites de l'étendue que nous percevons à un moment donné soient jamais assignables. Par exemple, je ne puis pas voir un livre qui est sur ma table sans voir la table qui le déborde, ni voir la table tout entière sans voir le parquet sur lequel son image se détache. Essayez d'enfermer votre vision de l'étendue par une ligne de démarcation quelconque, votre tentative est condamnée à demeurer vaine, parce qu'au delà de la ligne de démarcation prétendue vous voyez toujours quelque chose.

Qu'est-ce donc que nous voyons en définitive? Ce n'est pas une étendue définie, ce n'est pas une étendue infinie, c'est une étendue indéterminée quoique finie. On considère quelquefois *fini* et *déterminé* comme deux termes corrélatifs, ou plutôt comme deux termes qui disent la même chose : c'est une erreur. Un objet qui serait à la fois fini et déterminé serait immuable, et par conséquent ingénérable, éternel, etc. Ce serait un atome, et il n'y a point d'atomes dans la nature. Ceux qui croient aux atomes, sous quelque forme que ce soit, comprennent mal le mouvement, qu'ils se représentent comme une série de temps d'arrêt dans une série d'éléments contigus de l'espace, tandis qu'il est, comme l'avait bien vu Héraclite, essentiellement passage, devenir et, par conséquent, multiplicité indéfinie.

Du reste, c'est au fond la même chose de dire que l'étendue perçue par un organe est indéterminée, et de dire que le sens musculaire intervient dans la perception de cette étendue, puisque toute action du sens musculaire est mouvement, et par suite indétermination. Si la seconde assertion est admise à peu près universellement, quelles raisons pourrait-on bien avoir de rejeter la première?

La perception de l'étendue transversale ainsi comprise, — et c'est encore de la même manière qu'il faudra comprendre celle de l'étendue en profondeur, et jusqu'au sentiment que nous avons de la durée actuelle, — les difficultés que nous avons reconnues être également inhérentes au nativisme et à l'empirisme disparaissent. Les empiristes s'obligeaient à composer les étendues, et ils n'y pouvaient parvenir avec leurs points indivisibles. Les nativistes n'avaient pas à composer les étendues, puisqu'ils les prenaient toutes faites ; mais avec ces étendues il leur fallait composer l'espace, et ils n'y réussissaient pas, d'abord parce qu'elles étaient indivisibles, et ensuite parce que, l'espace étant un, il n'y a pas à le composer. Pour nous, nous n'avons à composer ni les étendues ni l'espace. Les étendues nous sont données immédiatement, comme dans le nativisme ; et, dans chaque étendue, l'espace nous est donné tout entier et sans division. Ce dernier point toutefois aurait besoin d'explication. Nous ne pouvons pas le traiter ici comme il conviendrait, mais il a été discuté dans un autre travail[1].

40. Comment nous mesurons au moyen de la vue l'étendue transversale.

— Voilà comment nous percevons l'étendue transversale. Quant à la grandeur de cette étendue, elle n'est pas, pour les raisons que nous avons dites, donnée en même temps que l'étendue même. Les nativistes prétendent que nous apprécions la grandeur d'une surface, visuellement ou tactilement

---

1. Le Problème de la Vie (*Revue philosophique*, février 1892).

perçue, par la masse plus ou moins grande des points lumineux ou tactiles dont notre œil ou notre main reçoivent l'impression. A l'égard de la vue cette opinion est insoutenable; car la grandeur des images rétiniennes auxquelles donne lieu un objet varie avec la distance de cet objet par rapport à nous, alors que l'objet lui-même conserve une grandeur constante. A l'égard du tact elle ne l'est pas moins : il suffit, pour s'en assurer, d'observer des aveugles. Si les nativistes étaient dans le vrai, un aveugle posant sa main à plat sur une surface assez petite devrait pouvoir dire de suite, rien que par le sentiment de la partie de sa main avec laquelle cette surface est en contact, quelle en est la grandeur. Ce n'est pas ce qui a lieu. L'aveugle, pour avoir la mesure d'une étendue, est obligé de la parcourir. Par exemple, si vous lui mettez dans la main une pièce de cinq francs, il en appréciera les dimensions en en décrivant le contour avec ses doigts, ou en en parcourant le diamètre. Il est vrai que, lorsque ses sens sont exercés, l'aveugle peut user de procédés plus expéditifs. Ainsi il jugera souvent des dimensions d'après l'écartement de ses doigts ou de ses bras portés aux extrémités de l'objet. Mais le procédé naturel et nécessaire au début c'est celui que nous avons indiqué.

Il est donc certain que la mesure de l'espace ne peut être obtenue que par le mouvement, non pas par ce mouvement interne de l'organe qui fait la sensation active et par là même réelle, mais par un mouvement de translation à travers l'étendue à mesurer. Et cette mensuration consistera, comme nous l'avons dit encore, à porter l'unité d'une extrémité à l'autre de l'étendue en question pour reconnaître combien de fois elle y est contenue. Mais de quelle nature sera cette unité? Visuelle, évidemment; car il est clair que l'unité de mesure et l'objet à mesurer doivent être homogènes. L'expérience, du reste, prouve qu'il en est effectivement ainsi. Si je mesure, par exemple, l'intervalle existant entre deux pieds d'arbre avec mon pas, on pourra dire, à tort d'ailleurs, que mon pas est pour moi une unité d'ordre musculaire; mais je puis mesurer également avec le pas d'un autre ou avec un mètre, et ce sont là certainement des unités visuelles.

Il y a pourtant ici, ce semble, une difficulté. L'unité visuelle dont nous avons besoin pour déterminer les dimensions de l'étendue doit nécessairement être fixe. Comment donc cette unité fixe se constituera-t-elle dans notre représentation, où, d'après ce qui vient d'être dit, tout est mobile? — Considérons un bâton de la longueur d'un mètre. Les dimensions du champ visuel qu'embrasse notre œil oscillent perpétuellement en deçà et au delà des limites de ce bâton sans s'y arrêter jamais ; mais l'image mentale que nous avons de sa longueur n'oscille pas pour cela. Elle a, au contraire, une fixité relative, mais suffisante pour nos besoins. C'est que les limites de ce bâton sont aperçues au moins quand le champ visuel les déborde, et c'en est assez pour qu'à la longue il s'en forme dans notre mémoire une image fortement arrêtée. Ce point accordé, la difficulté, il est vrai, reparaît sous une autre forme ; car le bâton est vu à des distances différentes, et à chacune de ces distances sa grandeur apparente varie ; dès lors, des grandeurs apparentes qu'il prend, laquelle est sa grandeur vraie ? A cela on pourrait répondre que, lorsqu'on mesure un intervalle, ce n'est pas avec une image de bâton qui varie, mais avec un bâton réel qui ne varie pas. Toutefois la réponse, quoique juste, serait peut-être insuffisante, attendu que, si le bâton a une grandeur déterminée *en soi* sans avoir une grandeur déterminée *pour moi*, en me disant que dans l'intervalle de deux pieds d'arbres la longueur du bâton est tant de fois comprise, vous ne me dites rien, puisque je ne sais pas ce que c'est que cette longueur. Ce qui lève effectivement la difficulté c'est cette considération qu'en fait la longueur du bâton ne varie pas avec la distance lorsque les variations de celles-ci se renferment dans de certaines limites. Un bâton d'un mètre n'est pas vu par nous sensiblement plus petit à dix pas qu'à cinq, quoique son image rétinienne soit alors beaucoup moindre ; et c'est une preuve parmi bien d'autres de la part considérable que prennent les associations d'idées inconscientes dans celles mêmes de nos perceptions que nous jugerions volontiers les plus immédiates. — Mais cette grandeur définitive, qu'on peut appeler la *vraie grandeur*, est-ce celle de l'objet vu à cinq pas, ou à dix, ou à une distance intermédiaire ? Et pourquoi est-ce telle distance plutôt que telle autre ? — Il est difficile de répondre à cette question d'une manière précise et positive. Ce que l'on peut apporter c'est uniquement une hypothèse. Voici celle que nous proposerons. On ne voit pas également bien à toutes les distances : pour que la vision soit nette, il faut que l'objet ne soit ni trop rapproché ni trop éloigné ; et il est une distance où la vision acquiert son maximum de netteté. C'est, vraisemblablement, la grandeur de l'objet vu à cette distance qui est choisie spontanément comme *vraie grandeur*.

C'est ainsi que se constitue dans notre représentation, essentiellement mobile et relative, l'élément absolu sans lequel elle ne pourrait être.

41. La vision de l'étendue en profondeur : difficultés. — Passons à la vision en profondeur. Si nous distinguons la vision en profondeur et la vision transversale, ce n'est pas qu'elles se constituent par des processus différents. On va voir, au contraire, que l'analogie des deux cas est extrême. Mais c'est justement cette analogie qu'il nous faut mettre en lumière, parce qu'elle a été maintes fois contestée.

La théorie à ce sujet peut se résumer en quelques mots. De même que nous voyons immédiatement l'étendue en superficie, sans avoir pour cela la moindre idée de ses dimensions tant qu'un mouvement produit à travers cette étendue ne nous les a pas révélées, de même aussi nous voyons l'étendue en profondeur sans pouvoir juger des distances autrement que par la durée et la vitesse des mouvements nécessaires pour les parcourir.

Sur ce dernier point, à savoir que le mouvement seul peut nous faire connaître les distances en profondeur, il n'y a pas de contestation. Mais où les opinions divergent c'est au sujet du premier, à savoir que la troisième dimension de l'espace est l'objet d'une intuition immédiate de même que les deux premières, c'est-à-dire que nous projetons spontanément hors de nous nos sensations visuelles. Et pourtant les raisons sur lesquelles se fonde cette thèse paraissent décisives.

Qu'il faille admettre la vision immédiate de l'étendue transversale, nous avons essayé de le prouver, et ne croyons pas nécessaire d'y revenir. Mais, si la vision de l'étendue transversale est immédiate, comment celle de l'étendue en profondeur ne le serait-elle pas? Est-ce que l'espace n'est pas homogène? L'une des trois dimensions aurait-elle un privilège ou une infériorité, comme on voudra, par rapport aux deux autres? Nous disons privilège ou infériorité, non pas dans l'espace en soi, mais dans l'espace de notre représentation; car, encore une fois, c'est celui-là qui est le seul et véritable espace. Et, si l'espace est homogène, n'a-t-il pas irréductiblement trois dimensions? Comment donc séparer l'une des trois des deux autres? Est-ce même là une conception qui ait un sens? Sommes-nous capables de nous représenter un espace à deux dimensions? Le contraire est évident; car, à supposer que nous pussions imaginer d'une manière effective un plan sans épaisseur, ce plan nous apparaîtrait toujours comme une section faite dans l'espace à trois dimensions, et par suite nous suggérerait invinciblement l'idée de la profondeur. Il paraît donc impossible de s'arrêter à l'opinion suivant laquelle l'espace nous serait donné tout fait en longueur et en largeur, mais en profondeur il serait une construction de notre esprit.

Il existe cependant contre la vision en profondeur des objections célèbres, et dont l'autorité, aujourd'hui encore, demeure considérable. On a fait grand bruit, par exemple, du fait que, depuis l'aveugle-né opéré de la cataracte par Cheselden en 1728, tous les aveugles-nés rendus à la lumière qu'on a interrogés avec quelque soin ont été unanimes à dire que les objets extérieurs leur apparaissaient *touchant leurs yeux;* d'où plusieurs psychologues ont conclu que la situation primitive des images visuelles est dans un plan tangent à l'œil, et que, si ces images s'extériorisent par rapport au sujet, c'est seulement plus tard, et suivant un processus que M. Taine même a prétendu déterminer. Cette conclusion a quelque chose d'un peu étrange; car, si les objets nous apparaissent dans un plan tangent à notre œil, on est mal fondé à dire que leurs images ne s'extériorisent pas, puisque au contraire un plan tangent à l'œil lui est tout entier extérieur, sauf au point de tangence. Il faut reconnaître cependant qu'il y a dans cette expression des nouveaux clairvoyants, que les objets touchent leurs yeux, et surtout dans leur unanimité à s'en servir, quelque chose qui demande une explication.

Ceux qui ont étudié les aveugles savent que pour eux la vision est absolument incompréhensible, parce qu'elle est une perception sans contact, chose dont ils sont incapables de se faire aucune idée. Ils l'appellent un *toucher à distance,* expression qui montre bien ce qu'elle a pour eux de paradoxal. Tel étant leur état d'esprit, est-il surprenant que, lorsqu'ils voient pour la première fois, ils s'imaginent toucher? Du reste, il est une considération simple qui montre bien l'impossibilité de prendre à la lettre l'expression dont ils se servent. Le contact dont ils parlent est-il un contact perçu tactilement? Évidemment non : il n'y a pas d'impression tactile de l'image visuelle sur l'œil qui la voit. C'est donc un contact perçu visuellement. Mais comment l'œil pourrait-il voir son propre contact avec une image visuelle? Voir une image touchant ses yeux est donc, à proprement parler, un non-sens.

Une autre objection plus sérieuse est celle de Berkeley. « La distance, disait Berkeley, étant une ligne qui va directement à l'œil, ne peut donner lieu dans le fond de l'œil qu'à la peinture d'un seul point, qui reste toujours le même, que la distance devienne plus grande ou plus petite[1]. » — Que l'image d'un point lumineux sur

---

1. *Nouvelle Théorie de la vision,* § 2.

la rétine ne puisse nous révéler par elle-même à quelle distance est ce point dans l'espace, il faut en demeurer d'accord ; mais ce n'est pas de quoi il s'agit. Berkeley accordera sans doute — quoique la phrase que nous venons de citer semble dire le contraire — que nous pouvons juger à l'œil des distances, grâce aux connexions qui s'établissent entre nos impressions visuelles et les souvenirs de ces distances constatées par le sens compétent. La question est alors de savoir si les signes que nous fournit la vue au sujet des grandeurs dans l'espace ne nous font connaître ces grandeurs qu'à la manière dont un mot évoque l'idée de l'objet qu'il désigne, c'est-à-dire en restant tout à fait étrangers à la nature de l'espace ; ou bien si, au contraire, l'impression reçue par l'œil, non seulement éveille dans notre esprit des souvenirs de distances, mais encore nous fait voir ces distances. Si l'on soutient la première thèse, et c'est le cas de Berkeley, on a raison sans doute de dire que la profondeur de l'espace n'est objet de vision en aucune manière ; mais ce n'est pas parce que la tache oculaire demeure la même quelle que soit la distance de l'objet qui y donne lieu, c'est pour une raison toute différente. Si l'on soutient la seconde, et nous espérons démontrer plus loin que celle-ci est la vérité, on doit penser, au contraire, que l'espace est vu aussi bien en profondeur que transversalement. D'une façon comme de l'autre, l'observation de Berkeley n'apporte aucun appui à l'opinion de ceux qui n'admettent pas l'extériorisation des images visuelles.

Il y a pourtant dans cette observation quelque chose de vrai et dont il faut tenir compte. Lorsque nous voyons deux points placés transversalement, nous voyons aussi toutes les positions intermédiaires entre les deux positions qu'ils occupent ; mais, lorsque nous regardons un point unique, nous ne voyons pas les positions intermédiaires entre ce point et notre œil. Donc *la profondeur de l'espace ne se voit pas :* nous ne voulons pas dire qu'elle ne se mesure pas immédiatement à l'œil : elle ne se voit absolument pas, puisque, là où il n'y a pas vision d'intermédiaires, il ne saurait y avoir vision d'un intervalle. D'ailleurs, de quel intervalle pourrait-il être question ici, alors que des deux extrémités de la ligne qui joint mon œil au point visé il en est une que je ne vois pas, mon œil ? Qu'est-ce donc que voir dans l'espace ?

42. Solution des difficultés. — Si je considère la porte de la pièce où je travaille, l'image de cette porte m'apparaît projetée à une distance déterminée ou indéterminée, peu importe. D'où vient cette extériorisation ? Du fait qu'entre la porte et moi il y a des surfaces, celle du parquet et celles des murs, que ces surfaces sont fuyantes, c'est-à-dire allant dans le sens de la profondeur, et que je les perçois comme telles d'une manière immédiate. Ainsi la perception du relief est une donnée primitive de la vision. C'est sous cette forme, et sous cette forme seulement, que la vision en profondeur peut se comprendre. La ligne droite qui va de mon œil à l'objet n'est pas visible ; la ligne oblique qui va de tout autre point au même objet est visible ; et, par conséquent, c'est celle-ci qui seule peut me révéler la profondeur. — Mais, à ce compte, il faut admettre qu'originairement une ligne oblique nous apparaît comme oblique, et comme s'enfonçant dans la profondeur de l'espace ? — Sans doute ; c'est une conséquence de cette vérité certaine que nous énoncions plus haut, que l'idée de l'espace est indivisible, et que jamais nous ne nous représentons deux de ses dimensions sans la troisième. Il est vrai, d'ailleurs, que toute ligne oblique est perçue, non pas dans sa véritable grandeur, mais en raccourci, sa longueur étant donnée par la projection de son image sur un plan perpendiculaire au rayon visuel ; mais cela est vrai d'une vérité seulement relative. Alors même que, dans la vision primitive, la ligne oblique, réduite à la projection sur le plan, apparaît comme faisant face au sujet, il y a toujours dans son image une tendance à l'infléchissement, et même un infléchissement réel. Il est aisé de s'en rendre compte.

Lorsqu'on vient dire que nous ne voyons pas l'espace en profondeur, on a raison ; mais on devrait aller plus loin, et ajouter que nous ne le voyons pas davantage en superficie. Voici un plan placé devant moi perpendiculairement au plan médian de mon corps. Tout ce qui, dans ce plan, est à droite ou à gauche de la ligne d'intersection avec le plan médian m'apparaît comme étant à la fois de face et oblique, fuyant soit vers la droite, soit vers la gauche, *c'est-à-dire, en définitive, vers le fond*, d'autant plus oblique et d'autant plus fuyant que je suis plus rapproché du plan, ou que j'en considère une partie plus éloignée : en vertu du théorème qui dit que l'oblique est plus longue que la perpendiculaire, et d'autant plus longue qu'elle tombe plus loin du pied de la perpendiculaire. Or, tout ce qui est à droite et tout ce qui est à gauche de la ligne d'intersection, c'est le plan tout entier. Donc il n'y a rien dans le plan qui soit vu de face absolument parlant : la vision de la superficie *à l'état pur*, c'est-à-dire sans aucune intervention de l'idée de profondeur, est aussi impossible que celle de la profondeur *à l'état pur*, c'est-à-dire sans aucune intervention de l'idée de superficie.

La conséquence qui ressort de là c'est que dans nos perceptions visuelles les plus primitives il y a toujours une intuition des trois dimensions de l'espace à la fois. Sans doute cette intuition n'est pas une aperception distincte ; elle ne deviendra telle que plus tard, grâce à des expériences multipliées. Ce n'est qu'un germe, mais dans ce germe l'espace, avec l'unité de son essence et l'indivisible triplicité de ses dimensions, est contenu tout entier. La même chose d'ailleurs est vraie à l'égard du sens tactile. Quand nous mettons, ou plutôt quand un aveugle-né met la main sur une sphère, il perçoit simultanément les trois dimensions de l'espace. En est-il autrement lorsqu'il met la main sur un plan ? Non, car de la sphère au plan la transition est insensible ; si bien qu'il est impossible d'assigner le moment où l'idée de la troisième dimension, de plus en plus faiblement suggérée à mesure que croît le rayon de la sphère, disparaîtrait tout à fait.

Voilà la vérité vraie, mais la vérité vraie n'est pas toujours la vérité commode à mettre en théories. De fait, si l'on voulait s'interdire de considérer séparément les trois dimensions de l'espace sous prétexte qu'elles sont inséparables, la théorie explicative des phénomènes de la vision deviendrait fort difficile, sinon tout à fait impossible à construire. Mais la faculté d'abstraire n'est pas un vain mot : dans toutes les sciences on en use légitimement et avec profit. Pour que la profondeur de l'espace soit perceptible il n'est pas nécessaire que nous fassions partir la ligne fuyante d'un point très éloigné de l'œil : elle peut, au contraire, partir d'un point aussi rapproché de l'œil que nous voudrons. Passons à la limite, et mettons qu'elle part de l'œil même. Dans les surfaces placées perpendiculairement au sujet les parties voisines du point central de l'image perçue par l'œil fuient très peu. Mettons qu'elles ne fuient pas du tout, et que les rayons visuels qui passent par leurs extrémités, au lieu de se rejoindre et de former un angle, sont parallèles les uns aux autres. La vision alors se décompose en deux parties, vision de l'étendue en profondeur et vision de l'étendue transversale, qu'on peut traiter séparément, et qui s'expliquent d'une manière simple. Les psychologues qui ne veulent pas admettre la vision de la profondeur en elle-même ont raison au point de vue de l'expérience, parce que cette vision n'existe effectivement pas ; mais ils ont tort de ne pas comprendre que la supposition qu'on en fait est un artifice légitime et nécessaire. A vrai dire, la question entre eux et nous n'est pas la vision de la profondeur de l'espace; elle est autre et elle est double : c'est de savoir, 1° si l'espace est un, et par conséquent donné tout entier, au moins en puissance, dans chacune de nos représentations, ou s'il est multiple, étant composé de points indivisibles : nous avons exposé les raisons qui imposent à notre avis la première solution; 2° si l'espace est perçu par la vue, ou s'il l'est par un sens différent, le toucher par exemple, ou enfin s'il l'est par la vue et le toucher à la fois. C'est cette seconde partie du problème qu'il nous reste à examiner maintenant; mais d'abord, pour en finir avec la perception visuelle de l'espace d'une manière générale, nous avons à nous occuper du symbolisme des perceptions visuelles.

43. Caractère symbolique des perceptions visuelles. — La vue nous révèle très directement des étendues visibles, tant dans le sens de la profondeur que dans le sens transversal; mais elle est incapable de nous faire connaître par elle-même des dimensions et des grandeurs, même des dimensions et des grandeurs relatives, ainsi que le prouve l'observation faite par le docteur Dufour et que nous avons rapportée. C'est, il faut le redire encore, le mouvement seul qui mesure l'étendue. Par conséquent, si nous pouvons juger, rien que d'après nos perceptions visuelles, quelle distance existe entre deux points que nous apercevons, c'est que l'image que nous avons sous les yeux nous est un signe de la possibilité d'exécuter, de l'un de ces points à l'autre, un mouvement d'une amplitude donnée. Ainsi, à l'égard des intervalles et des distances, c'est-à-dire à l'égard de la quantité des étendues en général, il n'y a dans tout ce que nous fournit le sens de la vue que des signes, qu'il nous faut interpréter en nous référant à l'expérience que nous avons faite antérieurement des mouvements nécessaires pour parcourir ces étendues.

Cependant, dans la perception visuelle tout n'est pas signe des distances et des grandeurs au même degré ni de la même manière. Nous sommes devant un objet, à la distance qu'il faut pour le voir, comme on dit, *en vraie grandeur,* c'est-à-dire assez près pour que son image ne soit pas rapetissée à nos yeux. Cette image nous fait connaître le mouvement qu'il y aurait à faire pour passer d'une extrémité de l'objet à l'autre, et à ce titre elle est un signe, et non une perception effective de la vraie grandeur; mais c'est un signe du premier degré, c'est-à-dire un signe révélant immédiatement la vraie nature de la chose. L'objet s'éloigne, son image diminue, et néanmoins je reconnais encore la grandeur de l'objet. C'est que l'image diminuée m'est un signe de l'image que j'obtiendrais si j'étais à la distance où l'on perçoit *en vraie grandeur*. L'image diminuée est donc *le signe d'un signe,* ou un signe du second degré. A l'égard de la profondeur, c'est la même chose. Certaines circonstances telles que l'état musculaire de mes yeux, le plus ou moins de netteté de l'image, etc., me déterminent à projeter à cent pas de moi dans l'espace un objet que je perçois; ce sont donc des signes de la nécessité de projeter à cent pas. Mais la projection de l'image à cent pas n'est pas une perception directe de cent pas en profondeur ; c'est simplement la représentation de cent pas à faire pour atteindre l'objet. Donc la projection de l'image à cent pas est un signe de la distance, non la perception de la distance même; et comme ce signe évoque immédiatement l'idée de la chose signifiée, c'est un signe du premier degré. Quant à l'état musculaire des yeux, à la netteté plus ou moins grande de l'image, etc., qui ne m'indiquent que la manière dont l'image doit être projetée, ce sont des signes du second degré.

On remarquera que pour la profondeur le signe du premier degré suppose toujours avant lui le signe du second degré, tandis qu'il n'en est pas de même pour les dimensions transversales, puisque, lorsque nous percevons directement en vraie grandeur, l'image de l'objet en vraie grandeur n'a pas à nous être suggérée par telles ou telles circonstances.

44. Interprétation des signes que nous fournit la vue.

— Comment se fait l'interprétation des signes que nous fournit la vue, soit quant à la profondeur de l'espace, soit quant à l'étendue tranversale? A l'égard des signes du premier degré, il ne saurait y avoir de difficulté. L'image d'un objet m'apparaît projetée dans l'espace : pour mesurer la distance de cet objet à moi j'ai un moyen simple, qui est de parcourir la distance en question. Pour l'étendue transversale le procédé est le même ; c'est-à-dire que, pour mesurer une surface que je perçois en vraie grandeur, je n'ai qu'à exécuter un mouvement ou du bras, ou de la main, ou du corps entier, de l'une des extrémités de cette surface à l'autre. Mais l'interprétation des signes du second degré est un peu plus complexe. Il y aura ici à considérer séparément le cas de l'étendue transversale et celui de la profondeur.

J'aperçois dans le lointain une maison, par exemple, et je lui attribue, me fondant sur ce que j'en vois, de certaines dimensions. Cela revient à dire : Je juge que, si j'étais à quelques mètres seulement de cette maison, j'éprouverais la sensation que peut produire en moi une maison de telles dimensions vue en vraie grandeur. Qu'est-ce qui détermine mon jugement à cet égard? Des facteurs multiples peuvent contribuer à la constitution de ce jugement. D'abord j'ai peut-être quelques indications sur la grandeur vraie de cette maison : par exemple, je puis compter les fenêtres et les étages. Dans ce cas, l'image d'une maison de tant de fenêtres et de tant d'étages est vivement évoquée en moi, et c'en est assez pour me renseigner sur la grandeur de la maison que j'ai sous les yeux. Il en sera de même pour tout objet de grandeur connue, et dont les dimensions ne peuvent guère varier, comme un homme ou un cheval. Si l'objet est de grandeur inconnue, je n'ai plus guère qu'une ressource, c'est d'apprécier sa distance. Plus j'aurai lieu de juger que cette distance est grande, plus je devrai estimer grand l'objet en question.

Pour la profondeur de l'espace, l'observation en est, pratiquement, plus délicate, mais aussi les moyens d'information dont nous disposons sont plus nombreux et plus variés. D'abord il y a des moyens secondaires, tels que la grandeur apparente de l'objet, si sa vraie grandeur est connue ; par exemple, suivant la grandeur que prend à nos yeux l'image d'un homme, nous pouvons juger assez aisément à quelle distance de nous il se trouve. Puis il y a le plus ou moins de distinction de l'image, le plus ou moins de netteté des contours, en tenant compte de l'état de l'atmosphère, et enfin l'énumération rapide des objets interposés entre l'objet considéré et nous ; par exemple, des mètres de pierres ou des arbres sur une route, quelques légers monticules dans une plaine, des vagues à la surface de l'eau, peuvent nous être de précieux points de repère. Mais le signe par excellence de la distance en profondeur, c'est l'état musculaire des deux yeux. Les yeux, en effet, s'adaptent spontanément à la vision la plus nette possible des différents objets suivant la distance, et cette adaptation donne lieu à des états musculaires différents dont nous avons conscience. Ainsi, lorsqu'un objet s'éloigne, les cristallins des yeux s'aplatissent pour donner lieu à une moindre réfraction des rayons visuels ; l'angle que forment les deux axes visuels devient plus aigu ; les deux images rétiniennes, assez différentes l'une de l'autre quand l'objet était plus proche, deviennent de plus en plus semblables. Sans avoir une connaissance distincte de tous ces changements, nous en avons un certain sentiment, et c'est ce sentiment qui nous avertit, après une longue série d'expériences, cela va sans dire, que l'objet est à telle distance, et que nous devons reporter son image dans l'espace de telle façon. Au début, nous éprouvions toutes ces impressions, comme à l'heure actuelle, mais elles ne nous instruisaient pas, parce que nous n'en connaissions pas la signification. Mais, depuis, nous avons appris que lorsque l'état musculaire de l'œil est tel, l'objet est à telle distance; c'est pourquoi, sitôt que nous éprouvons à nouveau cet état musculaire, nous jugeons de suite de la distance de l'objet, sans avoir besoin de mesurer cette distance, comme nous faisions avant de la connaître. Il y a là un simple phénomène d'association et de suggestion spontanée des idées. Le sentiment musculaire et la notion de la distance étant associés dans notre esprit, quand ce sentiment se reproduit, il éveille le souvenir de la distance.

Quant à l'utilité de la substitution des perceptions symboliques aux perceptions symbolisées, elle est aisée à comprendre. La grandeur de l'image, la netteté de ses contours, l'état musculaire de mes yeux quand je la regarde, tout cela m'est donné immédiatement. Il m'est donc très avantageux de pouvoir juger de la distance en profondeur d'après toutes ces impressions, au lieu de la mesurer d'une manière effective. La connaissance que je prends par là de cette distance n'est qu'indirecte à la vérité, mais elle est suffisamment sûre, et surtout, ce qui est capital, elle est rapide, tandis que la constatation directe ne peut se faire que lentement et péniblement. On peut dire de l'œil la même chose que de l'homme : il a tout à apprendre. Mais, quand il a appris, c'est un organe merveilleux, parce qu'il embrasse tout et qu'il résume tout. Grâce à lui nous pouvons, sans bouger de place, parcourir et mesurer l'espace tout entier.

45. Analogie complète de la perception tactile et de la perception visuelle de l'espace. — Nous venons d'étudier la perception visuelle de l'espace; il y aurait lieu, semble-t-il, à une étude semblable de la perception tactile. Celle-ci cependant est inutile, attendu qu'elle ne serait qu'une répétition de la première. Déjà, à plusieurs reprises, nous avons eu l'occasion d'appliquer aux phénomènes tactiles la théorie des phénomènes visuels. Des applications semblables seraient possibles sur tous les points, parce que les principes, qu'il s'agisse de la perception visuelle ou de la perception tactile, sont les mêmes. Ainsi le tact peut, par impression immédiate, nous révéler la nature extensive d'un objet, mais non pas nous en faire connaître les dimensions. C'est seulement en portant les doigts, ou les bras, ou le corps entier, d'une extrémité à l'autre de cet objet, que nous pouvons juger de sa grandeur. Le sens musculaire intervient donc ici dans la mesure des étendues, et cela tout à fait de la même manière que pour la perception visuelle. Il intervient encore dans la constitution même des perceptions du tact comme dans celle des perceptions de la vue; car les unes comme les autres supposent un certain sentiment des états musculaires de leurs organes respectifs. Enfin le tact a, comme la vue, son symbolisme, par le fait même qu'il est, comme elle, incapable de percevoir directement les grandeurs et les distances. Et les procédés par lesquels les deux sens s'instruisent sont analogues; c'est-à-dire que la loi d'association agit de la même manière dans les deux cas. On peut comprendre par là que, contrairement à un préjugé très répandu, le tact n'a aucun privilège sur la vue pour la perception de l'espace, et que même la théorie générale de l'un des deux ordres de perceptions est identiquement celle de l'autre.

46. L'étendue ne peut être perçue que par un sens unique chez un même sujet. — Reste à savoir, avons-nous dit, par quel sens l'espace est perçu en fait. Ce n'est pas par le sens musculaire, pour les raisons que nous avons exposées; ce ne peut donc être que par l'un des sens spéciaux, la vue ou le toucher. A l'égard des aveugles, qui n'ont que le toucher, aucun doute n'est possible; mais à l'égard des clairvoyants, qui ont les deux sens, il y a lieu d'examiner la question.

D'après l'opinion commune, l'étendue est perçue indifféremment et simultanément par la vue et par le tact. Le philosophe qui, le premier, a formulé la théorie de cette opinion est Aristote. Suivant Aristote, il convient de distinguer le *sensible propre*, qui appartient à un sens unique, la couleur pour la vue, le son pour l'ouïe, etc.; le *sensible commun*, qui appartient à plusieurs sens à la fois; et le *sensible par accident*, c'est-à-dire une perception qui n'est pas naturelle à un sens, et dont il devient capable cependant pour des causes étrangères à sa nature : par exemple, lorsque nous jugeons à l'œil qu'une étoffe doit être douce ou rugueuse : c'est ce que les modernes appellent généralement *perceptions acquises*. L'étendue serait un sensible commun.

A l'égard du sensible propre et du sensible par accident il n'y a évidemment rien à dire, mais le sensible commun est une erreur :

il n'est pas vrai que, chez un même sujet, l'étendue appartienne à la fois au domaine du tact et à celui de la vue. Ce qui a donné lieu à la théorie des sensibles communs c'est que les corps et leurs qualités nous apparaissent comme des objets pour nos sensations. Si je vois une couleur blanche, je suis porté à croire que cette couleur est une chose, et que la sensation par laquelle je la connais est une autre chose; auquel cas il semble facile de comprendre, en effet, sinon que la couleur, du moins qu'une qualité différente, l'étendue par exemple, puisse entrer aussi bien dans telle sensation que dans telle autre, comme un homme peut entrer dans la ferme ou dans le moulin. Mais la vérité est que les qualités sensibles ne sont pas pour nos sensations des objets; *elles sont nos sensations mêmes*. En effet, comment voudrait-on qu'une sensation pût nous faire connaître autre chose qu'elle-même ? Ce serait alors un *signe révélateur;* or le signe révélateur, quoi qu'en aient dit les Stoïciens et les Écossais, est une absurdité. Sans doute une sensation peut nous faire connaître autre chose qu'elle-même, lorsque l'idée de la chose, résultant d'une sensation différente et antérieure, est associée dans notre esprit avec la sensation que nous éprouvons maintenant : en voyant de la neige, nous jugeons, sans la toucher, qu'elle est froide, parce qu'autrefois nous avons touché de la neige et reconnu qu'elle était froide. Mais comprend-on la couleur blanche de la neige et son aspect pour l'œil nous révélant immédiatement, sans expérience antérieure, que ce corps est froid ? Voilà pourtant ce que disent, sous une autre forme, les personnes qui, faisant de l'étendue quelque chose d'extérieur et d'étranger à la sensation, prétendent que la sensation est capable de nous faire connaître l'étendue. Mais, si les qualités sensibles, au lieu d'être des objets pour nos sensations, sont nos sensations mêmes, la théorie des sensibles communs tombe ; car il est clair que nous n'entendons pas les couleurs, nous ne voyons pas les sons ni les résistances; un sens, d'une manière générale, ne se représente pas ce que perçoit un autre sens; par conséquent, si l'étendue est chez les clairvoyants perçue par la vue, il est impossible qu'elle le soit par le tact, et réciproquement.

Toutefois, quand on dit que l'étendue ne peut être perçue par deux sens à la fois, il faut s'entendre ; car, évidemment, la proposition ne s'applique qu'à ce qui, dans l'étendue, est objet de perception effective. Or il y a dans l'étendue quelque chose qui ne remplit pas cette condition, à savoir la pure et simple extension, c'est-à-dire la propriété que possèdent les parties de l'étendue d'être extérieures les unes aux autres et de former un tout continu. En effet, si l'extension pure et simple était un objet de perception effective, nous pourrions nous la représenter en elle-même et pour elle-même, indépendamment de la couleur ou de la résistance par exemple ; et, par contre-coup, nous pourrions nous représenter la couleur ou la résistance indépendamment de l'extension, ce qui n'est pas. On dira : nous nous représentons pourtant la couleur et l'extension. Il n'en est rien : nous nous représentons la couleur étendue ou l'extension colorée, ce qui est tout autre chose que de se représenter l'extension et la couleur. Dans la sensation réelle, celle de l'extension colorée, l'extension joue le rôle d'une forme, la couleur le rôle d'une matière. Mais, dans un objet donné, la forme et la matière ne sont pas réelles, encore moins sensibles à part l'une de l'autre. Il n'y a de réel et de sensible que l'objet même, dans lequel se fait l'union et la pénétration réciproque de la matière et de la forme. Donc on ne peut pas dire que l'extension, en tant que telle, c'est-à-dire indépendamment de la couleur ou de la résistance, soit effectivement représentable.

Qu'est-ce donc qui, dans l'étendue, tombe sous les prises de nos sens ? C'est la *figure,* autrement dit la ligne de démarcation qui sépare un corps des corps environnants. Non pas qu'une ligne, en tant que telle, puisse se percevoir : une ligne est une idée de l'esprit, et une idée ne se perçoit pas. Mais, quand nous voyons deux couleurs juxtaposées, nous voyons aussi où finit l'une et où commence l'autre ; ce qui nous donne quelque chose que nous avons peut-être tort d'appeler une *ligne,* mais enfin quelque chose de sensible, comme est sensible la trace d'un crayon sur une feuille de papier. Or, si cette ligne sensible est perçue par la vue, il est impossible qu'elle le soit également par le tact, par la même raison que le tact ne nous révélera jamais des couleurs. D'où cette conclusion que les *formes d'espace* — entendez par là les figures par lesquelles les parties de l'espace sont délimitées et diversifiées — sont perçues par un sens unique sans l'intervention d'aucun autre sens ; et que ces formes d'espace, homogènes entre elles pour un sens donné, comme obéissant à une même loi, sont radicalement hétérogènes d'un sens à un autre, de même que sont hétérogènes le son et la couleur, la résistance et la température.

47. Le sens percepteur de l'espace chez les clairvoyants est la vue. — Sur ces principes les philosophes de l'école anglaise sont entièrement d'accord avec nous. Berkeley surtout est absolument ferme sur cette proposition qu'il ne peut y avoir qu'un sens percepteur de l'espace. Reste à savoir quel est ce sens. Berkeley dit : c'est le toucher. Donc la vue est radicalement exclue. Mais est-ce là une thèse admissible? Peut-on dire que l'espace ne se voit pas, et n'est-il pas certain, au contraire, que les images visuelles occupent un lieu dans l'espace, qu'elles s'y étendent et s'y étalent? L'espace visuel, dit Berkeley, n'est pas l'espace véritable, mais un fantôme d'espace qui n'a rien de commun avec le véritable. — Mais pourtant ce prétendu faux espace est celui dans lequel nous nous mouvons, où nous distinguons des positions et des distances, et par rapport auquel enfin s'ordonnent toutes nos représentations. Que faut-il de plus pour qu'il soit véritable? Du reste, il est facile de prouver que l'espace visuel coïncide entièrement avec l'espace réel, — nous voulons dire avec celui dont l'étendue d'un corps donné est partie intégrante. M. Bain lui-même accorde implicitement ce fait, par lequel est ruinée la théorie de l'école anglaise, lorsqu'il écrit en substance ceci[1] : « Soient deux flammes de bougies donnant deux points lumineux. J'ignore à première vue quelle distance sépare ces deux flammes; mais je le saurai *si je puis mouvoir mon bras de l'un à l'autre des deux points lumineux que j'aperçois*. — N'est-ce pas là, en effet, avouer que les deux points lumineux sont dans l'espace, puisque le mouvement que j'effectue de l'un à l'autre est assurément dans l'espace lui-même; et reconnaître de plus que l'image visuelle de chacun d'eux coïncide exactement avec la flamme qui lui correspond? Il est vrai qu'en fait nous ne voyons pas toujours les corps là où ils sont : un corps placé au fond d'un vase plein d'eau nous apparaît plus près de la surface de l'eau qu'il n'est en réalité. Mais cela tient à l'action d'une cause perturbatrice qu modifie la vision normale. Si cette cause n'existait pas, nous verrions le corps là où il est; c'est un pur accident si nous le voyons ailleurs.

Ainsi l'espace est vu par nous, et, si l'espace est vu, l'idée que nous en avons est purement visuelle, nullement tactile. On dira que, si nous voyons l'espace, nous le touchons aussi. C'est vrai, mais les images d'espace que le tact ferait naître en nous, étant incompatibles avec les images visuelles dont la force est supérieure, sont offusquées par ces dernières, comme les étoiles en plein jour disparaissent dans l'éclat du soleil. Il existe donc chez

---

1. *Les Sens et l'Intelligence*, p. 333.

les clairvoyants et chez les aveugles deux ordres de représentations spatiales absolument hétérogènes et irréductibles l'une à l'autre. Ce qu'il y a de commun à ces deux ordres de représentations, c'est uniquement l'extension, car les sensations tactiles s'étendent comme les sensations visuelles; mais les formes, les figures, toute la structure des corps, diffèrent au point que les clairvoyants n'ont aucune idée de ce que sont ces choses pour les aveugles, ni les aveugles de ce qu'elles sont pour les clairvoyants. C'est, du reste, ce dont l'expérience témoigne d'une manière directe, puisque toutes les fois qu'on a mis des aveugles nouvellement opérés en présence de figures géométriques telles qu'un cube et une sphère, ils ont été incapables de les reconnaître sans les toucher[1]. Et la fameuse observation de Platner[2] semble bien témoigner dans le même sens, quoique les conclusions que Platner en tire soient toutes différentes. Platner, dans l'étude prolongée qu'il fit d'un aveugle-né, constata de telles différences entre la manière dont cet aveugle se représentait l'espace et la nôtre, qu'il crut que son sujet ne se représentait pas l'espace du tout, qu'il n'avait avec nous qu'une seule idée commune, celle du temps, et que pour lui, en définitive, *le temps tenait lieu d'espace :* conclusion bien difficile à admettre, car, au fond, elle revient à dire que pour les aveugles le monde des corps n'existe pas; mais dont on corrigerait l'excès en disant simplement que Platner ne put interpréter en fonction de son expérience personnelle ce que lui disait l'aveugle au sujet de sa représentation de l'espace, ce qui lui fit croire que, chez les aveugles, cette représentation n'existe absolument pas.

Mais, dira-t-on, si les figures en général, et notamment les figures géométriques, diffèrent chez les clairvoyants et chez les aveugles, d'où vient qu'il n'existe pour les uns et pour les autres qu'une seule géométrie? C'est que la géométrie porte, non pas sur les figures elles-mêmes, mais sur les rapports qu'ont entre eux les éléments des figures, rapports qui peuvent parfaitement être identiques, quelle que soit l'hétérogénéité des figures. Le fait que les aveugles peuvent être géomètres est bien un argument contre la thèse de Platner, car il ne pourrait pas y avoir de géométrie pour un être qui réduirait l'espace au temps; mais il ne paraît pas que l'unité de la géométrie soit un argument qu'on puisse opposer à la nôtre.

Passons maintenant au problème des localisations.

---

[1]. V. Stuart Mill, *Philosophie de Hamilton*, p. 280-281, note.

[2]. *Ibid.*, p. 270, ou Hamilton, *Lectures*, II, p. 174.

CHAPITRE II

LA PERCEPTION DES CORPS (SUITE)

DEUXIÈME PARTIE

48. Rapport de l'étendue et des qualités sensibles, théorie mécaniste. — Nous avons examiné dans le précédent chapitre d'abord comment se constitue notre représentation des étendues colorées ou résistantes qui peuvent affecter notre vue ou notre tact, et ensuite comment sont mesurées ces étendues. Cette étude ne concernait que la sensation toute pure, et, par conséquent, le problème de la perception proprement dite n'y était pas encore abordé. Il nous faut voir maintenant comment les étendues colorées ou résistantes prennent pour nous une situation déterminée dans l'espace total, c'est-à-dire s'y localisent. Par là nous allons entrer dans le problème de la perception, parce qu'une étendue localisée n'est plus une étendue abstraite ou imaginaire comme celle qui n'appartient à aucun lieu ; c'est une étendue réelle. Mais, auparavant, nous avons à résoudre une question préliminaire, la question de savoir comment, précisément, les étendues nous apparaissent colorées et résistantes, c'est-à-dire, en définitive, comment la couleur, la résistance et les autres qualités sensibles s'incorporent à l'étendue. Cette question comporte deux solutions, pas davantage, et ces deux solutions ont, naturellement, rencontré des partisans.

La première solution consiste à dire que les qualités sensibles ne nous sont données d'abord qu'à titre d'états du moi, et que, si elles prennent la forme d'étendue, c'est ultérieurement, en vertu d'une action de l'esprit, dont nous pouvons n'avoir pas le sentiment, mais qui est réelle, et dont le processus même doit pouvoir se retrouver. Cette doctrine se rencontre primitivement, en suivant l'ordre historique, chez les mécanistes, qu'ils soient atomistes comme Démocrite, ou qu'ils rejettent les atomes comme Descartes[1]; et on la retrouve encore, mais sous une forme un peu différente, chez les psychologues empiristes de l'école anglaise contemporaine. La seconde solution consiste à soutenir, au contraire, que l'union des qualités sensibles avec l'étendue est primitive, nécessaire, tenant à une loi essentielle de la nature ou de l'esprit, et que, par conséquent, il n'y a pas plus de qualités sans étendue que d'étendue sans qualité. C'est cette seconde solution qui sera la nôtre.

Nous venons d'opposer l'étendue aux qualités. Dans le langage des mécanistes, l'étendue elle-même, avec le mouvement, est une qualité, mais c'est une qualité *primaire,* c'est-à-dire une qualité qui appartient en propre à la nature corporelle, et qui, par conséquent, ne tient en rien à notre sensibilité individuelle, ni même à la sensibilité en général, tandis que les qualités sensibles, comme la couleur et la température, n'existent qu'en nous, par rapport à nous, et doivent être appelées *secondaires.* La thèse est alors que les qualités secondaires résulteraient de l'action des qualités primaires sur nos organes. Par exemple, des mouvements d'une certaine nature, en agissant sur nos yeux, produiraient, suivant leur intensité, des impressions diverses de couleur; d'autres mouvements, des impressions de chaud ou de froid, et ainsi de suite. On ajoute aujourd'hui que la science confirme, et même impose cette théorie; qu'à l'égard du son la vérité en est incontestable et reconnue depuis longtemps; qu'à l'égard des couleurs les belles recherches de Helmholtz l'ont mise également hors de doute; et qu'enfin il n'est pas dans la nature un fait plus éclatant que la conversibilité du mouvement en lumière, en chaleur, en électricité, et *vice versa;* fait duquel il résulte avec évidence qu'il n'existe au fond qu'un phénomène unique, le mouvement, et que les prétendues qualités sensibles des corps ne sont pas autre chose que des apparences toutes subjectives par lesquelles se révèlent à nous des mouvements de la matière que nous ne percevons pas directement et en eux-mêmes.

Qu'il y ait dans tout cela une large part de vérité à reconnaître, personne n'en peut douter; mais que la théorie des qualités *primaires* et *secondaires* soit la seule interprétation psychologique qu'on puisse donner des faits positifs que la science a établis, c'est

---

1. Elle est même caractéristique du mécanisme, et c'est pourquoi il y aurait peut-être lieu de quereller, au sujet de son mécanisme, Kant qui ne l'admet pas.

une autre affaire. Nous ne pouvons pas entrer dans la discussion approfondie de cette question considérable, et nous nous bornerons à une simple remarque, ou plutôt à une brève indication. La chaleur n'est pas la température, la lumière n'est pas la couleur. Or, s'il est prouvé scientifiquement que la lumière et la chaleur sont des mouvements de certaines natures, à l'égard de la couleur et de la température la même preuve n'a pas été faite ; car il ne paraît pas que les expériences de Helmholtz sur les couleurs du spectre puissent être interprétées en ce sens-là. Quant à croire que des mouvements de la matière cosmique puissent, en agissant sur un sujet sensible, déterminer chez ce sujet des impressions telles que le son ou la couleur, c'est une supposition énorme, contre laquelle la raison philosophique protestera toujours.

49. Théorie empirique. — Mais ce ne sont pas seulement, avons-nous dit, les partisans du mécanisme cartésien qui rejettent la doctrine d'après laquelle les qualités sont inséparables de l'étendue, en droit comme en fait, et par conséquent sont immédiatement inhérentes aux corps eux-mêmes : c'est encore l'école empirique anglaise. Les psychologues de cette école, de même que les partisans des qualités primaires et secondaires, mais d'un point de vue différent, refusent d'admettre que nos sensations nous révèlent immédiatement l'espace, parce que, disent-ils, elles n'ont avec lui aucune connexion naturelle. Ce qui est dans l'espace ce sont uniquement les causes physiques qui déterminent les sensations en nous. Si cependant il nous semble que telle douleur que nous éprouvons est dans notre bras ou dans notre tête, que telle couleur que nous voyons est dans cette étoffe ou sur les feuilles de cet arbre, il n'y a là qu'une illusion. Nos sensations ne sont nulle part. Il est vrai que nous avons l'habitude de les situer dans l'espace aux endroits où se trouvent leurs conditions physiques. Mais cette localisation est le résultat d'une opération mentale que nous exécutons spontanément pour des raisons d'utilité, et ne répond en aucune façon à la véritable nature des choses. L'école anglaise revient donc à l'opinion de Condillac, lorsqu'il dit que sa statue animée, sentant une rose, ne connaît rien d'elle-même ni du monde extérieur que cette sensation qu'elle éprouve, et, par conséquent, n'est pour elle-même d'abord qu'*odeur de rose,* de sorte qu'elle ignore son propre corps.

Voici donc une théorie qui pose, d'une part, un sujet conscient à qui ses représentations ne peuvent révéler immédiatement ni les corps extérieurs ni même son propre corps; et, d'autre part, un monde extérieur et un corps propre totalement étrangers à tout ce qui est représentations, qu'elles soient affectives comme le plaisir et la douleur, ou représentatives comme la couleur ou la résistance. La question est alors de savoir comment les représentations de ce sujet pourront entrer en relation avec cette réalité extérieure et la lui faire connaître. — Cette réalité extérieure, diront les empiristes, nous est révélée par une série particulière de sensations, les sensations musculaires. Du reste, elle n'est extérieure qu'en apparence, car elle n'est rien de différent des sensations musculaires elles-mêmes. — Soit, mais, ce point accordé, rien ne sera changé à la question, ou du moins bien peu de chose. Comme les sensations musculaires sont radicalement hétérogènes aux sensations de couleur, de résistance, etc., l'entrée de ces dernières dans un corps qui ne serait qu'un système de représentations purement musculaires est tout aussi difficile à comprendre que leur entrée dans un corps qui posséderait une existence en soi et ne serait pas représenté du tout. Or cette difficulté est certainement insoluble. Posez d'un côté toutes les sensations, hormis les sensations musculaires, de l'autre un monde physique et un corps propre qui ne soient que des tissus et des complexus de sensations musculaires, il est bien sûr que vous ne réaliserez jamais l'union et la pénétration intime des parties ainsi divisées.

Les empiristes répondront à cela qu'ils ne prétendent nullement que le sens musculaire agisse indépendamment des autres sens, le sens tactile, par exemple, et même le sens visuel. — C'est vrai, ils ne le prétendent pas, mais leur théorie l'implique. Qu'on se rappelle la manière dont ils comprennent la perception de l'étendue. Des mouvements de mon bras *dans l'espace vide*, en haut, en bas, en avant, en arrière, me donnent la notion des différentes régions de l'espace; et cette notion n'est rien autre chose qu'une série et un ordre de sensations *purement* musculaires. S'agit-il de mesurer un intervalle? Il m'arrivera quelquefois de poser le doigt à une extrémité d'une règle et de le porter d'un mouvement continu jusqu'à l'autre extrémité. J'éprouverai alors une série de sensations tactiles en même temps que de sensations musculaires; mais ces sensations tactiles n'interviendront en rien dans l'idée que j'aurai à me faire de la longueur de la règle, puisque cette longueur est mesurée exclusivement par le temps que dure le mouvement combiné avec sa vitesse. Les psychologues anglais, dans leur théorie de la perception de l'étendue, adjoignent constamment aux sensations musculaires les sensations tactiles et visuelles, comme si l'union de celle-ci avec les premières était la chose du monde la plus simple et la plus naturelle. Mais, au contraire, c'est une chose radicalement incompréhensible dans leur théorie[1]. Du reste, ils paraissent avoir eu le sentiment des énormes difficultés que rencontrait leur doctrine au sujet du problème des localisations, car ils n'ont jamais, que nous sachions, tenté de résoudre ce problème, du moins dans les termes où nous venons de le poser ; et cependant, pour eux, c'est ainsi qu'il se pose naturellement. Quand ils ont cherché à expliquer les localisations, ils ont commencé par en supposer une, naturelle et innée, la localisation dans les centres nerveux et dans l'encéphale. C'est ce que fait, par exemple, M. Taine. La physiologie a démontré, dit M. Taine, que, si je viens de poser mon pied à terre, « un ébranlement s'est produit dans les nerfs du pied..., cet ébranlement s'est communiqué tout le long des nerfs jusqu'aux centres sensitifs de l'encéphale, et c'est dans l'encéphale que la sensation a lieu ». Mais ce n'est pas dans l'encéphale que la sensation paraît résider, c'est dans le pied. « Nous la situons à tort à l'extrémité de notre appareil nerveux, elle est au centre ; ce qui se produit dans le pied, ce n'est pas elle, mais le commencement de l'ébranlement nerveux dont elle est la fin[2]. » Il en est de même pour les sensations que nous situons, non plus dans notre corps, mais au dehors. « La couleur, comme le son, est en nous, et ne peut être qu'en nous ; et cependant nous la projetons hors de nous, et nous la situons là où elle ne peut être... Par conséquent, la couleur rouge dont le fauteuil est revêtu, la couleur verte qui me semble incorporée à l'arbre, n'est rien que ma sensation de rouge ou de vert, détachée de moi, et reportée en apparence à six pieds en avant de mes yeux[3]. »

Qu'il y ait là un abandon formel des principes de l'empirisme pur, la chose n'est pas douteuse, puisque ces principes sont exclusifs de toute innéité. De plus, cette violation constatée, on peut se demander quelle raison a décidé M. Taine, acceptant une localisation immédiate, à vouloir que cette localisation eût lieu dans l'encéphale, plutôt que dans les membres, ou même dans le monde extérieur à notre corps. Dire que la condition physiologique de la sensation est dans l'encéphale, et non pas dans les membres,

---

1. Nous avons déjà discuté ce point avec plus d'étendue et d'autres arguments dans notre *Théorie psychologique de l'espace*, chap. IV.

2. Taine, *de l'Intelligence*, t. II, p. 127.
3. *Ibid.*, p. 142.

serait insuffisant; car, du moment où l'on croit pouvoir admettre qu'en vertu d'une disposition innée la sensation peut prendre place originairement au lieu où se trouve sa condition physiologique, on peut supposer tout aussi bien qu'une disposition innée différente la reporte, originairement encore, à l'extrémité du filet nerveux et dans le membre, c'est-à-dire à l'endroit où l'excitation s'est produite. A cette dernière hypothèse M. Taine oppose les illusions des amputés. On sait que les amputés éprouvent fréquemment dans le membre qu'ils ont perdu les mêmes sensations qu'ils éprouvaient quand ils le possédaient encore, au point que, la nuit surtout, l'amputé d'un bras, par exemple, sentira si bien son bras absent, qu'il aura besoin de se tâter avec l'autre bras pour s'assurer qu'il ne l'a plus; d'où M. Taine conclut que le sentiment que nous avons de nos membres et de leurs positions n'est pas un sentiment immédiat, mais un jugement inconscient, par lequel nous localisons dans tel membre une sensation en réalité située ailleurs. Cette conclusion est-elle fondée? On remarquera que le premier qui ait introduit dans la question les illusions des amputés est un nativiste, le physiologiste Jean Muller, lequel s'en faisait un argument en faveur de sa thèse. M. Taine peut-il bien les invoquer comme une preuve de l'empirisme tel qu'il le conçoit? Il semble, au contraire, que ce fait puisse s'expliquer également bien dans les deux théories. Une chose est certaine pour l'une comme pour l'autre, c'est que la sensation se localise définitivement à l'extrémité périphérique du nerf sensitif. Pourquoi donc, lorsqu'un nerf est coupé entre son extrémité et le centre nerveux auquel il aboutit, continue-t-on à avoir le sentiment de l'extrémité détachée du corps, au moins pendant quelque temps, car il vient un moment où l'illusion se transforme[1] et finit par cesser tout à fait? Il n'y a là qu'un phénomène d'habitude. Pendant un grand nombre d'années l'amputé, soit en vertu d'une disposition innée, soit par le fait d'un jugement localisateur, s'est représenté un bras ou une jambe à la suite des excitations reçues par certains nerfs : les mêmes excitations continuant à se produire dans les mêmes nerfs, il continuera à se représenter un bras ou une jambe jusqu'à ce que l'habitude qu'il en a ait disparu. Il n'y a donc rien dans les illusions des amputés dont le nativisme ou l'empirisme puissent se prévaloir.

---

1. Le docteur Vulpian nous disait un jour avoir connu un amputé qui, au bout d'une vingtaine d'années, ne sentait plus son bras, mais sentait encore sa main, qu'il localisait à la suite du moignon.

Ainsi la thèse de M. Taine est sans bases dans l'expérience. Ajoutons que les principes qui ont été posés plus haut la détruisent en établissant la thèse contraire. On a vu, en effet, que nous percevons l'étendue directement par deux sens spéciaux, la vue et le toucher. Mais l'étendue ne serait perceptible ni par la vue ni par le toucher si elle n'était ni colorée ni résistante. Ainsi la perception de l'étendue ne va pas sans la perception des qualités sensibles, et la réciproque est également vraie; car, si nous percevions des couleurs ou des résistances qui ne fussent point étendues, la conscience en rendrait témoignage. Quant à dire que nous en percevons, mais que nous n'en avons pas le sentiment, parce que, ces impressions sitôt données, nous les rattachons à l'espace par un processus spontané, c'est impossible, puisque alors il faudrait que ces couleurs et ces résistances entrassent dans des étendues déjà perçues comme colorées et résistantes. Donc toute étendue est pénétrée de qualités sensibles, toutes les qualités sensibles, celles du moins qui prennent le caractère de l'objectivité, revêtent la forme de l'étendue. L'espace est, comme dit Kant, la forme *a priori* des phénomènes du *sens externe*.

Mais, si les qualités sensibles nous sont données dans l'espace, immédiatement et chacune en leur lieu propre, c'est-à-dire là où sont les corps qu'elles manifestent, la conséquence évidente c'est qu'elles appartiennent réellement à ces corps. Donc les corps sont vraiment colorés et résistants comme ils paraissent être; et ce qui nous paraît chaud est vraiment chaud, ce qui nous paraît froid, vraiment froid. Or cette thèse, que Kant n'a jamais formulée, mais qui découle nécessairement des principes de l'*Esthétique transcendantale,* rapprochant, d'une manière un peu inattendue peut-être, le kantisme et l'aristotélisme, donne lieu à une objection de fait qu'il ne nous est pas permis de passer sous silence.

On connaît la variabilité des impressions sensibles que produit un même objet sur différents sujets : l'œil d'un daltoniste voit vert ce qu'un œil normal voit rouge; et chez un même sujet un même objet peut produire des impressions différentes; par exemple, la même eau peut être à la fois froide pour l'une de mes mains et chaude pour l'autre. Comment concilier avec ces faits une doctrine qui attribue aux qualités des corps l'objectivité?

La conciliation serait impossible, en effet, s'il fallait attribuer aux corps une existence absolue; mais ce n'est pas là ce que nous disons. Nous n'avons jamais prétendu que les corps eussent une existence absolue, comportant la présence en eux de certaines qualités que nos sens auraient ensuite à nous révéler telles qu'elles sont. La vérité est, au contraire, que les corps ne sont rien autre chose que nos sensations mêmes[1], objectivées par le fait de la loi qui veut que nos sensations prennent toutes la forme de l'étendue, et, comme conséquence, occupent toutes un lieu déterminé dans l'espace. Dès lors la difficulté signalée disparaît. Le même objet peut être à la fois vert et rouge sans que la couleur qu'il possède cesse de lui appartenir intrinsèquement, parce que cet objet est lui-même conditionné tout entier par la sensibilité individuelle, et que cette sensibilité le fait rouge chez l'un, vert chez l'autre.

C'est pourquoi la théorie des *qualités premières* et *secondes,* que nous avons rejetée telle que la présentent les mécanistes ou les empiristes de l'école anglaise, a pourtant un fondement. L'étendue est dans les corps une qualité en quelque sorte impersonnelle, la même pour tous les sujets, tandis que la couleur, la température, la résistance, sont des qualités qui varient d'un sujet à l'autre. Il est donc naturel de considérer l'étendue comme plus objective que les qualités proprement sensibles. Et si la distinction des *qualités premières* et *qualités secondes* ne signifie rien que cette différence, on la peut accepter sans difficulté.

50. La localisation absolue. — Nous pouvons maintenant aborder le problème de la localisation proprement dite, c'est-à-dire la question de savoir comment nos sensations, c'est-à-dire les corps, nous paraissent occuper dans l'espace un lieu déterminé.

La condition nécessaire et suffisante de la localisation d'un phénomène, c'est qu'on puisse assigner à ce phénomène une position par rapport à toutes les parties de l'espace, et par conséquent à tous les phénomènes de l'univers. Tant que sa situation n'est donnée que relativement à quelques parties de l'espace au lieu du tout, il apparaît comme flottant à la manière des images du rêve; et alors, faute d'une position déterminée dans l'espace, il n'appartient plus à l'espace du tout, parce que l'espace est une loi qui impose aux phénomènes deux conditions : 1° de prendre la forme d'étendue; 2° de se situer d'une manière effective. Il est d'ailleurs facile de le comprendre. Soit un point à l'intérieur d'un cube. Je puis bien situer ce point par rapport aux plans de coordonnées que me fournissent trois faces non parallèles du cube; mais le cube lui-même où est-il? Il faut pourtant qu'il soit quelque part pour que

---

[1]. Voir plus loin à ce sujet le chapitre intitulé : *La nature des corps.*

le point lui-même soit quelque part. Mettons qu'il est dans cette chambre; mais cette chambre où est-elle? Sur la terre. Et la terre où est-elle? Ainsi la même question revient toujours. Elle ne sera écartée définitivement que lorsque j'aurai situé le point par rapport à quelque chose qui ne soit plus *quelque part*. Or il n'y a que l'univers total qui ne soit pas quelque part. Donc c'est seulement par rapport à l'univers total, et à toutes les parties de l'espace à la fois, que peut se déterminer effectivement le lieu qu'occupe un objet quelconque.

Considérons encore ceci. Une étendue renfermée dans les limites d'une couleur, par exemple, ne peut pas se représenter isolément (37). Au delà de cette étendue il en est d'autres autrement colorées que je perçois également, au delà de ces autres d'autres encore, et ainsi de suite indéfiniment; car l'étendue appelle l'étendue, et nulle étendue n'est contiguë, d'un côté à une autre étendue, de l'autre à l'inétendu. Mais cette série sans fin d'étendues qui se juxtaposent c'est l'espace total. Par conséquent, la nature de l'étendue est telle que je ne puis pas me représenter une étendue quelconque sans me représenter en même temps l'espace total; ou, ce qui revient au même, que je ne puis pas percevoir un phénomène quelconque sans percevoir simultanément tous les phénomènes de l'univers. Ainsi, du moment où l'on admet, comme nous l'avons fait, que la perception de l'étendue est immédiate, c'est-à-dire que l'étendue est objet d'une perception réelle, et non d'une construction mentale, on se donne le moyen de comprendre comment un phénomène donné nous apparaît immédiatement comme partie intégrante de l'espace total, et par là même comme localisé en un lieu déterminé. Il y a une conception nativiste de la localisation des sensations, comme il y en a une de la perception de l'étendue, et les deux sont liées. Ayant adhéré à celle-ci, il n'est pas étonnant que nous retrouvions l'autre.

Ainsi un phénomène ne peut nous apparaître comme occupant un lieu dans l'espace à moins que l'espace tout entier ne soit, en même temps que lui, présent à notre conscience. Comment cette condition peut être remplie, c'est une question à laquelle Leibniz a répondu lorsqu'il a montré que notre conscience réelle va bien au delà de notre perception distincte, et que tout l'univers s'y exprime et s'y reflète. Mais nous avons à nous demander comment, pour situer un phénomène dans l'espace, notre pensée opère le rattachement de ce phénomène à tous les autres. Il est clair que ce n'est pas discursivement, par un processus donné dans le temps, car alors la série des opérations qu'il faudrait accomplir, étant infinie, serait inachevable. C'est donc tout d'un coup, par une intuition intemporelle.

51. La localisation relative : le signe local.

— Cette localisation par rapport à l'espace total c'est la véritable localisation, la localisation *absolue*. Mais cette localisation, précisément parce qu'elle est intemporelle, et par là même étrangère à la conscience empirique, n'a point d'usage dans l'expérience, où nous considérons les rapports des choses entre elles, et non pas leurs rapports avec un tout infini, d'ordre métaphysique. Donc il en faut une autre qui soit *relative*, et, à l'égard de celle-ci, ce n'est plus le nativisme qui est la vérité, c'est l'empirisme. Il est évident, en effet, que, pour diriger nos mouvements dans le monde des corps, nous n'avons à considérer que leurs relations comme direction et comme distance, et que c'est par des procédés empiriques que ces relations se déterminent. Du reste, ce serait une erreur de croire que la localisation relative se suffise à elle-même, et que, du moment où l'on a reconnu le processus qui la constitue, on n'ait pas à s'inquiéter de la localisation absolue. Celle-ci, au contraire, est comme sous-jacente à l'autre ; elle en est la condition nécessaire, bien qu'on ne l'y voie point intervenir, et, si elle n'existait pas, la localisation relative n'existerait pas davantage. En effet, si nos sensations n'étaient pas localisées primitivement par rapport à l'espace total, elles ne prendraient pas, nous l'avons montré, la forme d'étendue, et, par conséquent, elles ne se constitueraient pas. Il est clair d'ailleurs que l'on ne peut situer quelque chose que par rapport à autre chose supposé déjà situé. Si donc on ne veut pas admettre que rien se localise indépendamment de l'opération empirique de la localisation, on s'engage dans un progrès à l'infini qui rend impossible toute localisation effective.

S'il en est ainsi, il faut que dans notre conscience, non pas dans la conscience empirique et distincte, mais dans cette conscience qu'on peut appeler *transcendante*, qui porte en soi l'univers tout entier sous forme de perceptions inaperçues, toutes les régions de l'espace soient représentées comme distinctes les unes des autres, et que, par conséquent, dans cette conscience transcendante, nous portions l'espace entier, non pas comme une multiplicité homogène et indéterminée, à la manière de l'étendue géométrique, mais, au contraire, comme une multiplicité hétérogène, dont tous les éléments sont différenciés, et pourtant coordonnés entre eux, de sorte qu'ils constituent, pris ensemble, une unité qui est à la fois celle de l'espace et celle de la conscience même. Chaque région de l'espace est donc présente à notre conscience d'une manière permanente avec un caractère particulier, un *signe local,* qui ne varie pas lorsque varie l'objet qui occupe le lieu considéré, ce qui nous permet de reconnaitre de suite le lieu d'une sensation, alors que dans ce lieu nous n'avions jamais éprouvé cette même sensation, mais des sensations différentes[1]. Le signe local est donc une détermination *a priori* que la conscience transcendante impose à la conscience empirique, et qui permet à celle-ci la localisation des sensations.

Toute partie de l'espace a nécessairement son signe local, mais c'est surtout dans le corps propre de chacun de nous que l'existence des signes locaux est manifeste. Il est clair que nous ne sommes pas nés avec une connaissance distincte de toutes les parties de notre corps. Cette connaissance, nous l'avons acquise par une exploration assez analogue à celle du géographe parcourant une région de la terre. C'est pourquoi, lorsqu'un petit enfant éprouve une démangeaison par exemple, il porte d'instinct la main sur son corps pour trouver ce qui l'importune et s'en délivrer; mais il la porte au hasard, cherchant peut-être sur une jambe le siège d'une douleur qui est à une épaule. Quand il aura rencontré ce siège, ce dont il sera averti par une modification survenue à sa douleur, une association s'établira entre cette douleur et le sentiment de l'état musculaire correspondant au mouvement de son bras nécessaire pour aller trouver le point malade; de sorte qu'une autre fois, en pareille occurrence, il ne tâtonnera plus et portera de suite la main là où il faut. Mais pour cela il ne sera plus nécessaire que la seconde sensation éprouvée soit identique à la première; l'enfant retrouvera très bien, par exemple, l'endroit où autrefois il a été démangé, et où maintenant il est piqué ou brûlé. C'est que cet endroit est noté dans sa conscience avec un caractère indépendant de toutes les sensations particulières qui peuvent s'y produire, c'est-à-dire avec un signe local. Il en est de même pour les parties de l'espace extérieures à nos corps. Quel que soit l'objet qui les occupe, nous les reconnaissons toujours, parce que chacune d'elles garde dans notre conscience son individualité, non pas pensée sans doute, non pas sentie non plus, puisqu'elle est indépendante de toutes les sensations, mais donnée dans une intuition du même genre que celle où nous est donné l'espace total.

---

1. Lotze, qui le premier a parlé du *signe local*, s'en fait une conception notablement différente de celle que nous exposons ici.

52. Comment s'opère la localisation relative : premier stade. — Il reste à savoir comment s'opère effectivement la localisation de nos sensations soit dans notre propre corps, soit dans l'espace. L'empirisme, à cet égard, est dans le vrai quant au principe; mais un principe est généralement susceptible d'applications multiples et souvent très différentes. Voyons donc ce que devront être les explications empiriques de la localisation. Il est bien entendu d'ailleurs qu'il ne s'agit ici que de cet empirisme doublé de nativisme, et relatif par conséquent, que nous nous sommes efforcé de montrer comme le seul qui soit admissible.

Le principe général que nous croyons avoir suffisamment établi, et auquel nous nous référons maintenant, c'est que, spontanément, toute sensation se localise à l'extrémité périphérique du nerf sensitif dont l'ébranlement en a été la cause. Ainsi, si nous sommes piqués ou brûlés sur une partie de notre corps, immédiatement, et sans éducation préalable, nous rapportons à cette partie la sensation éprouvée. Mais alors il semble que toutes nos sensations doivent se localiser dans notre corps, et le reste du monde nous demeurer inconnu. Ce n'est pourtant pas ce qui a lieu. C'est que, lorsqu'à la partie du corps où vient aboutir un nerf sensitif se rencontre une autre partie qui prolonge ce nerf, et qui ne comporte point elle-même de filet nerveux, comme les poils ou les dents, c'est à l'extrémité de cette dernière partie, pourtant insensible, que se fait la localisation. « Si la barbe, dit Weber, est touchée légèrement sur un point, par exemple sur le côté de la joue, où croyons-nous sentir cette pression exercée sur les poils de notre peau? Ce n'est pas dans les parties sensibles auxquelles elle se propage à travers les cônes cornés et où elle agit sur nos nerfs, mais bien à quelque distance de notre peau... Si nous mettons un petit bâton de bois entre nos dents, et que nous le tâtions avec elles, nous croyons le sentir entre nos dents; c'est bien à la superficie des dents où pourtant nous n'avons pas de nerfs, et où, partant, nous ne pouvons rien sentir, que nous pensons sentir la résistance qu'il nous oppose. Au contraire, nous n'avons pas la moindre sensation de la pression exercée à la surface intérieure de la racine de la dent dans l'alvéole où elle est cachée; c'est pourtant là que la pression propagée s'exerce effectivement sur la peau, riche en nerfs, qui entoure la racine dentaire, et c'est là seulement qu'elle agit sur les nerfs. » — Il y a plus : « Ce n'est pas seulement à la surface des substances insensibles dont notre peau est recouverte que nous situons à tort l'endroit de la pression sentie, c'est aussi au bout d'un petit bâton que nous fixons entre le bout de nos doigts et un corps résistant, par exemple la surface d'une table[1]. » — « Dans ce cas, ajoute M. Taine, deux sensations se produisent à la fois, l'une qui nous semble située au bout de nos doigts, l'autre au bout du bâton. » Et si cette dernière n'est pas absolument prédominante et n'efface pas l'autre, c'est uniquement parce qu'il nous arrive à tout instant de palper avec nos doigts sans l'intermédiaire d'un bâton ; de sorte que « si, de naissance, comme le dit encore M. Taine, le bâton avait été soudé à l'une de nos mains, comme les longs poils sensitifs et explorateurs du chat sont soudés à ses joues et à ses lèvres, comme le bois du cerf est soudé à son front, comme la barbe et les dents sont soudés à notre peau, nous situerions nos heurts au bout du bâton, comme très probablement le chat situe ses attouchements au bout de sa moustache et le cerf au bout de ses cornes, comme très certainement nous situons nos contacts au bout de nos poils de barbe et de nos dents[2]. » Il en est des sensations visuelles comme des sensations tactiles. Celles-ci ne se détachent de l'extrémité périphérique du nerf sensitif que d'une manière fort imparfaite, pour la raison que nous venons de dire, à savoir que nous avons l'habitude de rencontrer, quand nous touchons, les objets à l'extrémité de nos doigts. Les sensations visuelles se détachent toujours et entièrement, parce que nos rétines sont précisément dans le cas de ce doigt auquel M. Taine supposait un bâton soudé de naissance. Le bâton, ici, c'est le fluide interposé entre les corps et nous. C'est pourquoi nous voyons les couleurs projetées dans l'espace, non pas à des distances déterminées, fût-ce très imparfaitement, mais projetées à la manière dont nous projetons dans le passé nos souvenirs lorsque, les reconnaissant sans les localiser, nous disons : « J'ai vu cela *autrefois*. »

53. Second stade. — Cette projection dans l'espace, caractère inhérent à la sensation brute, n'est pas plus la localisation, ni même un commencement de localisation, que la sensation visuelle ou tactile de l'étendue n'est la mesure de l'étendue. Pour que la localisation s'opère il faut que l'on reconnaisse les relations en direction et en distance de l'objet à localiser avec les objets voisins, ce qui est une opération connue. Les distances se mesurent avec des unités linéaires, les directions avec des angles.

---

1. Nous empruntons ces citations à M. Taine, *De l'Intelligence*, t. II, p. 133.
2. P. 134.

Nous avons déjà dit à cet égard tout ce qui nous a paru utile à dire.

La représentation de l'espace étant purement visuelle chez les clairvoyants, c'est dans l'espace visuel que se fait la localisation : c'est-à-dire que, pour nous, localiser une impression sensible c'est *voir* des yeux du corps ou de ceux de l'imagination le lieu où se trouvent cette couleur, cette résistance qui sont hors de nous, cette douleur qui est en nous. Comment cela se fait-il? A l'égard des sensations visuelles la question est entièrement résolue par ce qui précède. Ces sensations, avons-nous dit, s'ordonnent d'elles-mêmes dans l'espace, et elles y prennent des situations relatives, que nous avons ensuite à déterminer par un mesurage d'angles et de distances. Quant aux autres sensations, — nous ne parlons, bien entendu, que de celles qui prennent la forme extensive, — comme la forme extensive qui peut entrer dans notre représentation est unique, non multiple, et que cette forme, chez nous clairvoyants, c'est la forme visuelle, ces sensations reçoivent des sensations visuelles la forme extensive propre à ces dernières. C'est ce qui fait qu'une étendue que nous voyons colorée nous paraît en même temps résistante, chaude ou froide, rugueuse ou polie, etc.; et c'est de là, par conséquent aussi, que nous vient l'idée de corps; car un corps n'est autre chose pour nous qu'une étendue visuellement représentée, qui présente une certaine résistance, une certaine température, etc. Mais, ce point admis, il reste à savoir pourquoi c'est à telle étendue colorée plutôt qu'à toute autre que nous rattachons telle température ou telle résistance, puisqu'une étendue donnée possède une température ou une résistance déterminées.

Pour arriver à le comprendre, il ne sera pas inutile de considérer séparément le corps propre et les corps extérieurs. Nous avons de notre corps propre deux représentations bien distinctes : l'une, visuelle, est celle qui se forme en nous lorsque nous regardons nos membres; l'autre, à la fois tactile et musculaire, est celle à laquelle donnent lieu les mouvements et les modifications de tout genre qui se produisent dans les diverses parties de notre corps. La première n'est, en réalité, qu'un cadre dans lequel nous aurons à faire entrer la seconde. **La représentation visuelle de notre corps, en effet, ne nous le fait nullement connaître comme nôtre.** Posez la main sur une table à côté de la main d'une autre personne : la vue, réduite à elle seule, est incapable de vous dire laquelle de ces deux mains est la vôtre. Au contraire, la sensation tactile et musculaire, parce qu'elle est affective, tandis que la précédente est purement représentative, nous fait prendre conscience de nous-même comme sujet psychologique. Seulement, on ne peut pas dire qu'elle nous révèle notre corps, parce que, bien qu'elle ait une aptitude propre à prendre une forme extensive *sui generis,* forme que d'ailleurs elle prend chez les aveugles, elle ne réussit pas, chez les clairvoyants, à prendre cette forme, contrariée qu'elle est par l'aptitude du sujet à donner à ses représentations une forme supérieure d'étendue. Donc un clairvoyant n'arrive à prendre conscience de son corps, en tant que tel, qu'à la condition de faire entrer dans la représentation visuelle qu'il en a ses sensations tactiles et musculaires. La chose, du reste, se fait très simplement. Bien que nos yeux ne puissent, ainsi qu'il vient d'être dit, nous révéler directement notre main comme nôtre, ils arrivent très vite à la reconnaître parmi tous les objets qu'ils perçoivent, à cause de la corrélation existant entre les changements visuels et les changements musculo-tactiles qui se produisent lorsque la main se déplace; et lorsqu'ils l'ont reconnue, les sensations musculo-tactiles, qui ne demandent en quelque sorte qu'à prendre la forme d'étendue, s'agrègent à la représentation visuelle de la main, et prennent la forme d'étendue que cette représentation leur impose. La notion complète de la main est alors constituée. A l'égard de toutes les parties les plus mobiles du corps, les jambes par exemple, les choses se passent de la même manière. Dans les parties peu mobiles, comme la poitrine et le dos, la localisation peut se faire encore, mais cette fois l'intervention de la main est nécessaire. Si nous posons la main sur l'une de ces parties, nous voyons bien l'endroit où la main se pose. En même temps nous éprouvons une sensation due au changement d'état des nerfs afférents à la partie touchée. Dès lors le rattachement se fait comme précédemment. Enfin, s'il s'agit d'une partie du corps qu'on ne puisse ni mouvoir ni toucher, comme le cerveau ou l'intestin, la localisation dans ce cas demeure toujours extrêmement vague, parfois même tout à fait impossible. Voilà pourquoi, connaissant si bien la superficie de notre corps que nous voyons, nous en connaissons si mal, à moins d'être anatomistes, les parties internes, dont nous ne sommes informés que par des sensations musculo-tactiles.

Quant à la localisation de nos sensations de résistance, de température, de rugosité, etc., dans le monde extérieur, elle est aisée à comprendre après ce qui précède. Nous voyons une étendue colorée : nous y portons la main et nous éprouvons une résistance.

Cette résistance est immédiatement rapportée à la partie de l'espace où notre main se trouve et où, par conséquent, se fait le contact.

Si maintenant l'on demande pourquoi les résistances que nous éprouvons sont, dans certains cas, rapportées à notre propre corps, et dans d'autres cas à des corps étrangers, il est clair que cette différence tient à ce que, lorsque nous touchons notre propre corps, nous éprouvons deux sensations de contact, l'une dans la main qui touche, l'autre dans la partie qui est touchée, tandis que, lorsque nous touchons un corps étranger, nous n'en éprouvons qu'une seule. A l'égard de la vue, la distinction du corps propre et des corps étrangers se fait autrement. Toute la partie de l'espace dont les mouvements paraissent dépendre immédiatement de notre volonté est notre corps, le reste constitue le monde extérieur.

54. Perceptions acquises. — Il nous reste, pour achever la théorie de la perception des corps, à étudier rapidement le concours que les sens s'y prêtent les uns aux autres.

Nous avons expliqué plus haut comment les perceptions visuelles en général ne nous font connaître l'espace que d'une manière symbolique ; mais ce n'est pas seulement à l'égard des distances et des autres relations auxquelles l'espace donne lieu que nos sensations visuelles peuvent prendre et prennent le caractère de signes et de symboles. En fait, chez les clairvoyants, le sens visuel, quand son éducation est complète, en vient à pouvoir donner à lui seul la connaissance de presque toutes les qualités sensibles des corps, et par conséquent à suppléer tous les autres sens. Par exemple, rien qu'à la vue, nous jugeons d'une étoffe qu'elle doit être douce ou rude au toucher. Rien qu'à la vue encore, nous disons d'un mets qu'il est ou n'est pas appétissant ; c'est-à-dire que son aspect nous est un signe (assez trompeur du reste) des qualités qu'il aurait à l'égard du palais. La raison de tous ces faits est aisée à comprendre. Lorsque deux qualités sensibles ont été perçues simultanément par deux sens différents, les deux sensations ainsi obtenues s'associent naturellement en nous, de sorte qu'il suffira que l'une des deux se reproduise pour éveiller le souvenir de l'autre. C'est ainsi qu'outre ses *perceptions naturelles,* qui sont les couleurs et les formes visibles, le sens de la vue a des *perceptions acquises,* ou, comme disait Aristote, des *sensibles par accident.* Du reste, ce n'est pas la vue seule qui peut avoir des perceptions acquises : la connaissance que l'ouïe nous fournit quelquefois des directions et des distances est une perception du même ordre. Mais il ne paraît pas qu'il faille donner le nom de perception acquise au jugement par lequel nous disons, par exemple, qu'un fer qui nous apparaît rouge doit être brûlant. La raison en est qu'il ne nous semble pas voir la température en voyant la couleur, tandis qu'il nous semble bien voir l'étoffe comme douce, lorsque nous considérons le velours. Il n'y a proprement perception acquise que lorsque l'objet d'un sens passe dans un sens différent.

55. Erreurs des sens. — A la question des perceptions acquises se rattache celle des *erreurs des sens*. Un sens est infaillible sur son objet propre : ainsi la vue ne peut pas se tromper sur les couleurs. En effet, si elle se trompait, quel autre sens redresserait son erreur? L'erreur des sens ne peut donc être due qu'à la perception acquise, c'est-à-dire à l'association des idées. En effet, il n'est pas surprenant que l'œil, par exemple, se trompe quand il se mêle de juger de qualités sensibles qui ne peuvent être connues que par un sens différent. Du reste, le contrôle dans ce cas est toujours possible : il suffit, pour l'obtenir, de faire intervenir le sens compétent. Si je juge à l'œil une étoffe douce quand elle est rugueuse, je reconnaîtrai bien que je me suis trompé en y mettant la main. Quelle est donc, d'une manière générale, la cause des erreurs des sens? C'est que certaines apparences, ayant été perçues par nous en même temps que certaines réalités d'un ordre différent, se trouvent unies accidentellement à d'autres réalités que celles auxquelles nous étions accoutumés, et comme c'est d'après ces apparences seules que nous jugeons, il est naturel que nous nous trompions. Par exemple, nous avons l'habitude de rencontrer avec le tact les objets plongés dans notre atmosphère là précisément où nous voyons leurs images. Dès lors nous devons croire que des objets placés dans un milieu translucide différent se trouvent également là où nous les voyons; mais c'est une erreur. L'apparence visible est déformée, dans ce dernier cas, à cause du phénomène de réfraction. C'est pour cela, par exemple, que nous voyons les astres avant qu'ils soient sur notre horizon. L'artifice dont nous sommes alors victimes est celui de la nature. Mais quelquefois aussi l'artifice peut venir de l'homme. Supposez qu'un peintre habile ait imité sur un disque les apparences que présente une sphère de cuivre vue à 100 mètres, et qu'on vous présente ce disque à la distance de 100 mètres : il est clair que vous ne pourrez pas voir autre chose qu'une sphère de cuivre, puisque les apparences sont celles d'une sphère de cuivre, et que vous ne pouvez juger que sur les apparences. C'est là-dessus que sont fondées les illusions des panoramas et une multitude d'autres semblables.

55bis. Perceptions subjectives et hallucinations. —
Il ne faut pas confondre avec les perceptions erronées les *sensations subjectives* ni les *hallucinations*.

On appelle sensation subjective une impression des sens qui se produit spontanément et en l'absence de l'objet extérieur Par exemple, les bourdonnements d'oreille, les phosphènes, les picotements à la peau, le goût d'amertume dans certaines maladies, sont des sensations subjectives. Tous ces phénomènes ne sont que les conséquents psychologiques d'états physiologiques plus ou moins morbides.

Les sensations subjectives ne produisent pas généralement en nous d'illusion quant à leurs objets. Il n'en est pas de même des hallucinations. Celles-ci impliquent des représentations illusoires, qui persistent malgré le témoignage contraire des sens autres que le sens halluciné, et dont, presque toujours, on est dupe; de sorte que l'hallucination, sans être la folie totale, confine à la folie et y conduit presque infailliblement si elle se répète. Par exemple, une personne qui en hypnotise une autre suggérera à celle-ci la vision d'un objet qui n'existe pas, et même dont aucun objet présent ne pourrait donner l'idée ; et l'hypnotisé verra dans son imagination l'objet en question exactement comme il le verrait de ses yeux.

Il est évident que, pour chaque sujet conscient, l'hallucination et la perception vraie ne diffèrent en rien l'une de l'autre. Comment donc est-il possible de les distinguer? Comment pouvons-nous juger, dans un cas donné, que nous percevons réellement et que nous ne sommes pas hallucinés? Il y a là une question grave, mais que nous pouvons nous dispenser d'examiner en ce moment, parce que nous la retrouverons en traitant de la mémoire.

CHAPITRE III

LA MÉMOIRE

56. Le fait de mémoire. — C'est un fait que nos états de conscience passés nous reviennent à l'esprit. Ce fait, c'est ce qu'on appelle le *souvenir*. Du reste, le souvenir complet suppose quelque chose de plus que la simple réviviscence de nos perceptions antérieures. Il comprend deux autres éléments encore, la *reconnaissance* du souvenir en tant que souvenir, et la *localisation dans le passé*, c'est-à-dire la détermination plus ou moins exacte de l'époque à laquelle remonte l'événement dont nous nous souvenons. Mais il nous faut d'abord expliquer la réviviscence.

57. Explication de la réviviscence de nos états de conscience. — Tous les philosophes sont d'accord au fond pour faire de l'aptitude qu'ont nos états de conscience à renaître un simple cas de la loi générale d'habitude. Ce que j'ai pensé une fois, je tends à le repenser encore, par le seul fait que je l'ai pensé déjà : voilà ce que tout le monde accorde. Les divergences commencent seulement au moment où il faut préciser de quel genre d'habitude le souvenir procède. Les Cartésiens, qui séparent absolument l'âme du corps, font de la mémoire une habitude de la pure matière. Suivant eux, tout état de conscience a pour corrélatif dans le cerveau certains *plis* et certaines *traces*, qui persistent en vertu de la loi d'habitude, comme persistent les plis d'une feuille de papier ou ceux d'un vêtement; de sorte que l'état de conscience auquel ces plis et ces traces correspondent aura plus de tendance à se reproduire qu'un état tout à fait nouveau n'en aura à apparaître; et cette tendance sera d'autant plus forte que, l'état de conscience en question s'étant produit un plus grand nombre de fois, les plis du cerveau seront plus profonds et les traces plus vives. Pour les philosophes qui, au contraire, unissent fortement le corps et l'âme l'un à l'autre, comme Aristote et Leibniz, la mémoire n'est pas une habitude du corps seulement, mais de l'être organique tout entier, en tant qu'il est à la fois corps et âme. Cette dernière solution nous paraît renfermer plus de vérité que la précédente, parce qu'il est effectivement impossible, sous prétexte que l'âme et le corps sont hétérogènes, de les mettre à part l'un de l'autre, et d'attribuer à l'un des deux seulement ce qui est le fait de l'homme lui-même, de l'homme tout entier, à la fois corps et âme, et véritable *tout organique*, comme dit Bossuet.

Ainsi la mémoire est une habitude, non pas de la seule matière, non plus du reste que du pur esprit; car, outre que nous ne sommes ni pure matière ni pur esprit, l'habitude ne peut se concevoir ni dans le pur esprit ni dans la pure matière. La mémoire est une habitude de l'esprit, mais de l'esprit uni à un corps, ou, ce qui revient au même, une habitude de la matière, mais de la matière organisée et vivante. Cela étant, la cause de la réviviscence d'un état psychologique passé ne peut être que la restauration de l'état organique qui l'a accompagné une première fois, sous l'empire de la loi d'habitude. On peut, du reste, donner des preuves multiples de la vérité de cette assertion.

58. Identité de nature du souvenir et de la perception primitive.

— Une première preuve peut être tirée de cette considération importante et mise en vive lumière par David Hume, que la perception effective d'un objet et l'image de cet objet qui demeure dans notre mémoire ne sont pas deux états de conscience différents en nature, mais un seul et même état dont le degré varie. Cette proposition elle-même peut être établie par des raisons multiples.

1° La conscience atteste que percevoir et se souvenir sont une seule et même chose. Se souvenir d'une douleur qu'on a autrefois éprouvée, c'est encore l'éprouver, quoique à un faible degré. Si la douleur primitive ne se réveille pas en quelque manière, on peut se rappeler les circonstances accessoires qui ont accompagné une fois sa production, mais on ne se rappelle pas la douleur elle-même.

2° Les effets du souvenir et ceux de la perception sont les mêmes, quoique d'un moindre degré, en général, pour le souvenir que pour la perception. Par exemple, le souvenir d'une odeur nauséabonde peut faire vomir comme l'odeur elle-même. C'est là ce qui explique les résultats physiologiques qu'on obtient chez certains malades par des suggestions d'images.

3° Enfin les souvenirs et les perceptions présentent des caractères identiques, à tel point que souvent nous les confondons en croyant percevoir ce que nous ne faisons qu'imaginer. Cela est manifeste dans le rêve, et dans quelques états anormaux tels que le somnambulisme. Mais le même phénomène se produit aussi dans l'état de veille ; c'est-à-dire que, dans la veille, nos souvenirs et nos perceptions se mêlent ensemble, de telle sorte qu'on ne peut discerner les uns des autres. Par exemple, si l'on écoute un discours prononcé en une langue que l'on connaisse mal, beaucoup de mots échapperont, et on n'entendra qu'une suite de sons plus ou moins confus. Mais que le même orateur parle dans notre langue maternelle, nous entendrons peut-être parfaitement tous les mots qu'il prononcera. C'est que dans le premier cas nous sommes réduits à nos perceptions effectives, tandis que dans le second il s'ajoute à nos perceptions, sans que nous en ayons conscience, une multitude de souvenirs, si bien que nous ne pouvons plus faire le départ de ce que nous entendons effectivement et de ce que nous ajoutons de nous-mêmes.

On pourrait donner à l'appui de cette assertion bien d'autres raisons encore. Par exemple, c'est un fait signalé par M. Wundt que le souvenir d'une perception fatigue les centres où cette perception a sa condition, comme la perception même. Ce qui le prouve, c'est que si, après avoir regardé quelque temps une couleur vive comme le rouge, on porte les yeux sur une feuille de papier blanc, on a le sentiment de la couleur complémentaire, c'est-à-dire d'une teinte verte. Or si, au lieu de regarder du rouge, on se contente de l'imaginer fortement, et qu'ensuite on jette les yeux sur une couleur blanche, le même effet se produit.

S'il en est ainsi, si le souvenir et la perception sont identiques l'un à l'autre sauf le degré, il est clair qu'ils doivent avoir même cause ; et comme la perception a pour cause, ou du moins pour antécédent nécessaire, un état déterminé de l'organisme, il faut bien admettre que c'est la restauration de cet état résultant de l'habitude qui a donné lieu à la réviviscence du souvenir.

50. Les maladies de la mémoire. — Mais ce n'est pas seulement l'identité de nature du souvenir et de la perception qui prouve que le souvenir est un fait auquel l'organisme prend une part nécessaire, ce sont encore ce que l'on a appelé les *maladies de* *la mémoire,* c'est-à-dire ces affaiblissements, ces altérations, quelquefois au contraire ces développements anormaux de la faculté du souvenir auxquels peuvent donner lieu certains troubles organiques. Ainsi l'expérience montre tous les jours qu'un coup à la tête, une maladie du cerveau, l'action de certaines substances comme la morphine, peuvent produire chez une personne l'amnésie partielle ou totale, temporaire ou définitive, ou au contraire l'hypermnésie. Une chose surtout est frappante à cet égard : c'est que, lorsque la mémoire vient à se dissoudre par le fait de l'âge ou d'une désorganisation cérébrale, ce sont toujours les souvenirs les plus récents qui s'en vont les premiers, comme s'ils étaient déposés dans l'encéphale par couches superposées [1], ce qui, bien entendu, n'est pas à prendre à la lettre. Certains vieillards retombent, comme on dit, *en enfance* : c'est que, en vertu de la loi dont nous parlons, ils sont réduits à leurs souvenirs les plus anciens, qui sont ceux de leur enfance ; et comme nos souvenirs sont en somme tout ce que nous avons dans l'esprit en dehors de nos perceptions immédiates, et que, par conséquent, un rapport s'établit nécessairement entre eux et l'ensemble de nos affections, de nos goûts, de nos dispositions de toutes sortes, il en résulte que celui qui n'a dans l'esprit que des souvenirs de son enfance, ne peut penser et sentir que comme un enfant.

Du reste, lorsque la restauration des souvenirs a lieu, comme il est arrivé quelquefois, l'ordre selon lequel ils reparaissent est toujours inverse de celui de leur disparition ; c'est-à-dire que ce sont les plus anciens qui se reconstituent les premiers. Tout cela montre bien que l'aptitude à se ressouvenir n'est que le résultat d'une habitude, et d'une habitude organique. Un souvenir n'est pas autre chose qu'une impression organique, qui, en vertu de la loi d'habitude, persiste à l'état latent dans le sujet qui l'a éprouvée.

69. Causes de la réviviscence d'un souvenir particulier.

— Mais ce n'est pas seulement la persistance de l'impression organique à l'état latent que produit l'habitude. Cette persistance ne serait rien si elle ne donnait pas lieu à la réviviscence de l'image. En même temps donc qu'elle est la cause de la conservation de nos souvenirs, l'habitude est encore la cause de leur réapparition. Voici comment la chose doit être entendue.

Un souvenir qui réapparaît, c'est un état cérébral antérieur qui

---

[1] Voy. Ribot, *les Maladies de la mémoire.*

se reconstitue. Mais pourquoi tel état cérébral se reconstitue-t-il à tel moment plutôt que tel autre? Pour le comprendre, on doit considérer que l'état en question est une certaine coordination d'un nombre prodigieux de cellules cérébrales, coordination dans laquelle toutes ces cellules sont associées les unes aux autres; de sorte que, si une partie du tout complexe qu'elles ont formé une fois toutes ensemble vient à se reformer, celles des cellules en question qui composent cette partie agiront sur les autres pour leur faire reprendre avec elles l'état initial et reconstituer le tout primitif. Reste à savoir comment une partie du tout primitif pourra se reformer. Mais la chose est aisée à comprendre. Par exemple, l'état cérébral qui, chez moi, correspond au mot et à l'idée *Cicéron*, fait partie d'une foule d'états cérébraux très complexes répondant à des jugements tels que ceux-ci : Cicéron était orateur, Cicéron était contemporain de César, etc. Si donc j'entends prononcer la première phrase, le groupement partiel des cellules cérébrales qui correspond à l'idée *Cicéron* se trouvant reconstitué, le groupement plus complexe qui répond à la seconde phrase tendra à se reproduire; c'est-à-dire que j'aurai tendance à passer de la première idée à la seconde. On dit souvent que la cause des souvenirs c'est l'*association des idées,* entendant par là que nos idées, quand elles sont associées, tendent à s'évoquer les unes les autres dans la conscience. Cette assertion est exacte, mais on voit, d'après ce que nous venons de dire, qu'elle n'est qu'une expression des faits dans le langage de la psychologie pure. Pour avoir la vérité tout entière il faut remonter jusqu'aux antécédents physiologiques des phénomènes de conscience, parce que là seulement se découvrent les causes véritablement explicatives de la réapparition des souvenirs.

61. Conditions du souvenir. — S'il en est ainsi, on comprendra que les conditions de l'habitude soient aussi celles du souvenir. Ces conditions peuvent se ramener à une seule, qui est la continuité, ou la répétition, ou l'intensité de l'impression éprouvée. Par exemple, un air de musique qu'on a entendu à satiété ne sort plus de la tête : on en est comme obsédé. Quand on est sous le coup d'une injure reçue ou d'une émotion subie, on n'en peut détacher sa pensée. Mais le temps, en émoussant la vivacité de nos émotions, nous rend capables d'en écarter le souvenir, et peut même nous le faire perdre tout à fait. De là résulte cette règle pratique que, pour graver un souvenir dans son esprit, il faut soit porter toute son attention sur l'objet afin d'augmenter autant que possible l'impression qu'il produit en nous, soit prolonger ou réitérer l'acte de la perception. C'est ainsi qu'un écolier qui veut apprendre une leçon cherche à en comprendre le sens, ou la répète plusieurs fois en perroquet. Les deux procédés ne se valent pas à l'égard de l'intelligence, mais tous deux servent à la mémoire.

Ajoutons que, l'intensité de nos impressions n'étant jamais que relative, il faut, si l'on veut retrouver un souvenir, écarter toutes les images qui pourraient faire obstacle à celle que l'on cherche, et surtout les images qui sont du même ordre sensoriel, parce que ce sont celles dont l'antagonisme est le plus à craindre. Par exemple, on se rappellera mal un air de musique si l'on entend jouer ou chanter un air différent. En général, toutes les impressions vives actuelles nuisent à la réviviscence des souvenirs. Les souvenirs sont des états faibles qui, dit M. Rabier, sont comme les étoiles, lesquelles ne peuvent apparaître qu'après que le soleil a disparu de l'horizon.

62. Reconnaissance des souvenirs.

— La reproduction d'un état de conscience antérieur n'est pas, comme on l'a dit déjà, le seul élément que comporte le souvenir. En fait, nous ne nous souvenons vraiment que lorsque nous avons conscience que nous nous souvenons, c'est-à-dire lorsque le souvenir est reconnu par nous en tant que tel. Se souvenir ce n'est pas seulement revoir, par exemple, en esprit ce qu'on a vu autrefois de ses yeux, c'est pouvoir dire encore : Je l'ai vu. Lorsque le souvenir manque à cette condition, il n'est proprement qu'une *réminiscence*.

Pour que nous puissions reconnaître nos souvenirs, deux conditions sont nécessaires. La première, c'est que nous ayons l'idée du temps. En effet, reconnaître un souvenir, c'est projeter dans le passé le fait qu'on se représente actuellement. Or comment projetterions-nous dans le passé l'image présente à notre esprit si nous n'avions pas l'idée du passé, c'est-à-dire l'idée du temps? La seconde condition c'est l'identité du moi, ou plutôt le sentiment que nous avons de cette identité. En effet, pour que nous puissions dire : Je me souviens d'avoir vu ou entendu, il faut que nous ayons le sentiment très vif et très net que c'est un seul et même moi qui a vu ou entendu autrefois, et qui maintenant se souvient. D'où nous viennent ces deux idées? Évidemment, de la conscience. En effet, la seule durée dont nous ayons le sentiment immédiat c'est celle de notre être; et si nous pouvons connaître la durée des choses extérieures, c'est à la condition de durer nous-mêmes. La durée des phénomènes hors de nous a pour mesure, par rapport à nous, la série des impressions qu'ils nous font éprouver. C'est donc bien de la conscience que nous vient l'idée de la durée, ce qui n'empêche pas d'ailleurs qu'il y ait en nous, comme on le verra plus tard, une idée métaphysique du temps dont l'origine est tout autre. Pour ce qui est de l'idée de l'identité du moi, il est clair qu'elle a même origine que l'idée du moi, laquelle, comme on sait, vient de la conscience. A quoi l'on peut ajouter que ces deux idées en réalité n'en font qu'une, attendu que le sentiment que nous avons de durer implique le sentiment de notre identité personnelle à travers le cours du temps, et réciproquement; de sorte que c'est au fond une seule et même chose d'avoir l'idée du temps et d'avoir l'idée de son identité personnelle. Quant à la réalité même de l'identité de notre personne à travers la durée, nous n'essayerons pas d'en rendre compte, parce qu'il faudrait pour cela faire appel à des considérations d'ordre métaphysique qui ne seraient pas ici à leur place.

63. Explication du fait empirique de la reconnaissance. — Il reste à rechercher comment, en fait, nous reconnaissons nos souvenirs; car, si l'idée du temps et celle de notre identité personnelle sont des conditions de la reconnaissance, ce n'en sont pas des conditions suffisantes, puisqu'un si grand nombre de souvenirs ne sont jamais reconnus par nous.

Suivant Reid, la reconnaissance des souvenirs serait un fait immédiat. Lorsque l'image d'un phénomène passé nous revient à l'esprit, nous pouvons dire spontanément que c'est un souvenir, et savoir, par conséquent, que cette image est la reproduction d'une perception antérieure[1]. Mais, s'il en est ainsi, on pourra demander pourquoi certains souvenirs sont reconnus, et d'autres ne le sont pas. Puis Hamilton objecte avec raison à Reid que l'image d'un fait passé nous revenant à l'esprit nous revient à titre de fait présent, et qu'il ne s'y trouve rien qui nous permette d'y reconnaître un état de conscience antérieur réviviscent. La thèse de Reid est donc insoutenable. La reconnaissance des souvenirs n'est pas immédiate : elle suppose, au contraire, un effort et une opération particuliers de l'esprit qu'il s'agit pour nous d'analyser.

Pour reconnaître un souvenir, il faut et il suffit qu'on le distingue de tout ce avec quoi il pourrait être confondu. Or le souvenir peut

---

[1]. Il est aisé de reconnaître l'analogie de cette théorie avec celle que soutient Reid au sujet de la vision, lorsqu'il prétend que la connaissance des distances en profondeur est donnée immédiatement et spontanément par l'œil.

être confondu avec les fictions de notre imagination : ce qui le prouve, c'est que souvent nous nous demandons si nous n'avons pas rêvé telle chose, c'est-à-dire si nous nous en souvenons, ou si nous l'avons inventée. Le souvenir peut se confondre aussi avec la perception actuelle, puisque dans le sommeil et dans l'hallucination nos souvenirs nous donnent l'illusion de perceptions véritables.

Pour discerner les souvenirs des perceptions actuelles, nous les comparons, suivant M. Taine, à ces perceptions, ce qui nous permet de les en distinguer en raison de leur vivacité et de leur netteté beaucoup moindres. Par exemple, j'ai en ce moment dans l'esprit l'image de Notre-Dame, mais j'ai aussi celle des objets qui m'entourent, livres, papiers, chaises, etc. Ces deux images ne peuvent pas être données à la fois par des sensations actuelles. Il faut donc que je choisisse entre elles, et mon choix ne saurait être douteux : c'est l'image de mon cabinet qui m'est fournie par la perception, l'autre n'est qu'un souvenir.

Cette explication est en partie véritable; mais M. Rabier fait observer avec raison que nous n'avons pas besoin, en général, pour reconnaître un souvenir, de le comparer avec une perception du même ordre. Par exemple, celui à qui l'image de Notre-Dame revient à l'esprit dans l'obscurité n'a pas l'illusion de voir le monument. Ce qui fait que, dans ce dernier cas, le souvenir est reconnu, c'est que l'image est loin d'avoir la netteté et la précision qu'elle avait lorsque nous avons vu l'objet. Un autre moyen encore de distinguer le souvenir de la perception nous est fourni par ce fait que la perception s'impose à nous, tandis que nous sommes toujours maîtres de nos souvenirs. Je ne puis pas ne pas voir ce que je vois tant que j'ai les yeux ouverts; mais je puis très bien chasser de ma pensée un souvenir et le remplacer par un autre.

Quant à la fiction, le souvenir s'en distingue par plusieurs caractères. D'abord, ce dont je me souviens s'impose à moi tel qu'il m'apparaît. Par exemple, je ne puis rien changer à l'image que j'ai d'un monument connu. Ce que j'invente, je puis au contraire le changer à mon gré. De plus, quand j'invente, j'exécute un certain travail dont j'ai conscience; quand je me souviens, les images me reviennent à l'esprit toutes faites, sans que j'aie besoin d'aucun effort pour les composer.

Mais ce qui, plus que tout le reste, est de nature à nous permettre de reconnaître nos souvenirs, et de nous assurer qu'ils sont autre chose que de vains rêves, c'est la connexion que présente le souvenir à reconnaître avec tout l'ensemble de nos souvenirs déjà reconnus et avec nos perceptions actuelles. Une image n'est reconnue avec certitude par nous comme un souvenir qu'à la condition de pouvoir s'insérer d'une manière à la fois naturelle et nécessaire dans la trame des événements dont se compose notre existence passée et présente. Supposons, par exemple, que j'aie dans l'esprit un groupe d'images représentant le Japon. Toutes ces images constituent un système de représentations bien liées entre elles. Mais, d'autre part, je sais que le Japon est loin, que pour y aller et pour en revenir il faut rester longtemps en mer, et je n'ai point de souvenirs de ce genre. Puis, quand je repasse dans ma mémoire les années passées, je n'en vois aucune dans laquelle se trouve un intervalle où un pareil voyage puisse prendre place. Je dis donc sans hésiter, en dépit des images que j'ai dans l'esprit, que je ne suis jamais allé au Japon.

La même chose, du reste, est vraie de nos perceptions elles-mêmes. Leibniz disait avec raison que « nos perceptions ne sont que des rêves bien liés ». Sans doute, si l'on veut voir dans nos perceptions plus que des images, si l'on y voit une appréhension directe de choses réelles existant en dehors de nous, on devra penser que la perception contient en soi un caractère d'objectivité *sui generis* qui ne permet pas de la confondre avec quoi que ce soit de différent d'elle-même. Telle est l'opinion de ceux qui font de la résistance une qualité primaire des corps; mais cette opinion est une erreur. Dès lors, comment nous assurer que ce que nous nous représentons en ce moment est une perception effective et non un rêve? On vient de dire que nous reconnaissons nos perceptions effectives à l'intensité et à la netteté des images. Pratiquement, en effet, ce moyen est suffisant dans la plupart des cas, et surtout lorsque les facultés mentales sont parfaitement saines. Mais la certitude qu'on obtient par là n'est jamais qu'une certitude *empirique* et pratique, qui laisse toujours place au doute spéculatif; car il n'est pas impossible, l'expérience le prouve, que de simples imaginations prennent en nous toute la netteté et toute l'intensité de perceptions véritables. On a vu encore que nous reconnaissons nos perceptions à ce qu'il ne dépend pas de nous de les faire disparaître de notre conscience; mais beaucoup d'images mentales sans objet extérieur présentent le même caractère. Si donc nous voulons atteindre à une certitude *rationnelle*, il faut chercher un autre *criterium* de l'objectivité de nos perceptions; et le seul criterium dont nous puissions user consiste à confronter la représentation actuelle avec tout l'ensemble de nos perceptions, et surtout avec les plus récentes, pour voir si elle est en rapport avec ces dernières. Par exemple, si j'ai maintenant dans l'esprit l'image de mon appartement à Paris, et trois minutes après l'image du port de Marseille, je n'aurai pas l'illusion que je suis à Marseille. Mais, si j'ai le souvenir que j'ai quitté mon appartement, que j'ai pris le train à la gare de Lyon, que j'ai passé vingt heures en chemin de fer, tout cela rapproché des raisons que j'ai eues de partir, du souvenir de la résolution prise, etc., je croirai sans hésiter que la représentation que j'ai actuellement du port de Marseille est une vraie perception, et que je suis effectivement à Marseille. Ainsi, qu'il s'agisse de souvenirs ou de perceptions, c'est bien la liaison des images qui seule nous garantit que nous ne sommes pas dans la fiction ni dans le rêve.

64. Localisation dans le passé. — Une troisième condition est encore nécessaire à remplir pour qu'un souvenir soit aussi complet et aussi parfait que possible : c'est la *localisation dans le passé*. En effet, reconnaître un souvenir c'est simplement le projeter dans le passé d'une manière indéterminée, et sans chercher à lui assigner une date. Si donc nous n'allons pas plus loin que la reconnaissance, l'ordre réel des événements, qui est un ordre successif, nous échapperait. Il faut, par conséquent, pour que nous retrouvions dans notre mémoire l'expression de la réalité et de la vie, que nous puissions localiser nos souvenirs dans le passé en les y plaçant chacun à leur rang.

On distingue deux formes de la localisation, l'une immédiate, l'autre médiate.

La première consiste dans le sentiment plus ou moins exact que l'on a du temps écoulé depuis un événement donné. Par exemple, quand on est dans un salon, on sait que le moment de se retirer est venu, sans avoir besoin pour cela de regarder à sa montre ou à la pendule. Ce genre de localisation se fait par une révision rapide de la série totale des états de conscience par lesquels on a passé depuis celui à partir duquel on mesure le temps écoulé. L'appréciation obtenue par ce moyen est approximative et incertaine, parce que, nécessairement, bon nombre des termes de la série ne nous reviennent plus en mémoire. Du reste, si un oubli partiel du passé est inévitable, il est aussi très nécessaire, car nous serions fort gênés si, pour remonter au souvenir d'un événement donné, nous étions obligés de passer à nouveau par toute la série des états de conscience qui nous séparent de celui-là. Ainsi, pour pouvoir localiser dans le passé, et même pour pouvoir se souvenir, il faut pouvoir oublier. L'oubli abrège les distances à la fois dans le temps et dans l'espace, et à ce titre il est nécessaire pour l'exercice de la mémoire.

Quant à la localisation médiate, elle se fait autrement. Il y a dans la vie publique d'une nation, et dans la vie privée de chaque individu, un certain nombre d'événements importants qui portent avec eux le souvenir de leur date. On sait en quelle année a eu lieu la dernière Exposition, en quelle année on s'est marié, etc. Si l'on peut rattacher l'événement qu'il s'agit de localiser à quelqu'un de ces événements dont la date est connue, la localisation des premiers dans le passé est faite par là même. Si ce rattachement ne peut avoir lieu, nous sommes réduits à ignorer la date de l'événement considéré.

65. Spécialisation et qualités diverses de la mémoire. — La mémoire étant en fait, sinon purement organique, du moins très étroitement dépendante de l'organisme, varie beaucoup d'homme à homme, et surtout elle est susceptible de se diversifier beaucoup en raison de la différence des aptitudes organiques que nous apportons en naissant. Aussi peut-on dire avec M. Ribot qu'il y a, non pas *la mémoire,* mais *des mémoires.* De ce point de vue il y a une première division à établir entre les hommes, fondée sur ce que les uns ont plutôt la mémoire des choses abstraites et des idées, et les autres celles des choses concrètes et des images sensibles. Mais la diversité des aptitudes va plus loin encore ; car la mémoire des idées abstraites n'est pas la même chez le mathématicien, chez le philosophe, chez le naturaliste; et la mémoire sensible peut porter principalement sur les couleurs, ou sur les sons, ou sur les qualités tactiles, etc. C'est ce qui fait que certains hommes naissent avec des aptitudes particulières pour la peinture, d'autres pour la musique ou pour la poésie. La spécialisation peut même aller plus loin encore. Par exemple, parmi ceux qui possèdent à un haut degré la mémoire visuelle, il en est qui perçoivent surtout les formes des objets, d'autres les couleurs. Les premiers sont aptes à faire des dessinateurs, les autres sont plutôt des coloristes.

Les conditions que doit remplir la mémoire pour être bonne sont d'être *facile, tenace* et *prompte.* La facilité se rapporte à l'acquisition des souvenirs, la ténacité à la conservation des souvenirs, et la promptitude à leur rappel. Ces trois qualités sont rarement réunies. Les mémoires faciles sont rarement tenaces. Celui qui a appris sans effort court grand risque d'oublier. Celui, au contraire, qui a réfléchi en apprenant est à peu près sûr de pouvoir se souvenir plus tard, parce qu'il reconstituera avec la réflexion les idées qu'une fois déjà la réflexion a coordonnées dans son esprit.

CHAPITRE IV

L'ASSOCIATION DES IDÉES

66. La suggestion des idées comme fait d'expérience. — Nous avons considéré dans le chapitre précédent les idées et les faits de conscience en général en tant que reproductions d'impressions passées. Ce point de vue est celui de la théorie de la mémoire. Nous devons maintenant considérer les idées en elles-mêmes, en tant que faits actuels, et sans égard à leur origine première, afin d'en étudier les groupements, et de rechercher comment elles agissent les unes sur les autres, soit pour s'évoquer, soit pour se modifier par leurs actions réciproques. La théorie dans laquelle nous entrons ainsi est la théorie de l'*Association des idées*.

L'expérience montre que constamment les idées s'évoquent les unes les autres dans notre conscience. Si j'ai en ce moment dans l'esprit l'idée de Cicéron, cette idée éveillera peut-être en moi celle de Démosthène, qui à son tour éveillera l'idée des îles de l'Archipel : de là je passerai à la question d'Orient, à la guerre de Crimée, etc., etc. On sait quel chemin peut faire ainsi l'esprit quand il s'abandonne aux caprices de sa fantaisie.

Du reste, ce ne sont pas seulement des idées que les idées suggèrent, ce sont encore des faits psychologiques de tout ordre, sentiments, émotions, désirs. Tous les faits psychologiques tendent à se lier entre eux et à s'appeler les uns les autres : par exemple, une image évoquera un sentiment, qui lui-même donnera lieu à un désir, et ainsi de suite. On voit que le mot *association des idées* ne doit pas se prendre dans un sens trop étroit, puisqu'il désigne un caractère commun à tous les faits de conscience sans exception.

Ce que nous avons à faire pour étudier la suggestion des idées, c'est d'abord d'en rechercher les conditions expérimentales. Dans la nature, en effet, un phénomène ne se produit jamais sans être accompagné, ou sans avoir été précédé par un autre phénomène qui est son antécédent nécessaire et constant, et auquel, par conséquent, il est lié par une *loi*. Lorsque l'on connaît l'antécédent nécessaire et constant d'un phénomène, on n'a pas pour cela de ce phénomène une explication suffisante : on n'en a même pas d'explication du tout, à proprement parler, car il reste toujours à demander *pourquoi* l'antécédent A est partout et toujours suivi du conséquent B. Néanmoins on a réalisé un progrès, puisque à défaut des causes intelligibles, qui sont aussi sans doute les causes véritables, on connaît les conditions empiriques desquelles dépend l'apparition du phénomène considéré ; et ce progrès même est si réel que bien souvent les sciences de la nature s'y arrêtent. C'est donc par la détermination des lois empiriques de la suggestion que nous devons commencer. Nous aurons à voir ensuite s'il est possible de remonter jusqu'aux causes véritables et véritablement explicatives.

67. Loi de contiguïté. — La première loi de la suggestion des idées, ou plutôt des faits de conscience en général, c'est qu'un fait de conscience tend à en rappeler un autre lorsque ce dernier s'est produit autrefois dans l'esprit simultanément avec lui ou immédiatement après. Par exemple, les premiers mots d'un vers connu appellent la fin du vers, et le premier vers du morceau appelle successivement tous les suivants : l'image d'un monument que j'ai vu ne va pas dans ma pensée sans l'image du monument voisin que j'ai perçu en même temps. C'est là ce que l'on appelle la *loi de contiguïté*. La contiguïté peut donc donner lieu à l'évocation des idées les unes par les autres. Toutefois une confusion ici est à craindre. La contiguïté qui produit la suggestion des idées c'est la contiguïté de ces idées *dans la conscience,* et non pas, comme on se l'imagine quelquefois, la contiguïté de leurs objets dans le temps ou dans l'espace. La contiguïté des objets dans le temps ou dans l'espace ne signifie rien par elle-même : elle n'a d'intérêt au point de vue de la suggestion qu'en ce qu'elle peut donner lieu à la contiguïté des idées dans la conscience.

Une autre remarque importante à faire, c'est qu'il n'est pas vrai que *nous associions nos idées,* comme on l'entend dire si souvent. Nos idées s'associent d'elles-mêmes. Le lien qu'elles contractent n'est pas la conséquence d'un effort fait par nous, mais simplement le résultat de leur présence simultanée ou successive dans notre conscience. Sans doute, ainsi qu'on l'a vu dans la théorie de la mémoire, nous pouvons faciliter le rappel de nos idées les unes par les autres, c'est-à-dire rendre leur connexion plus étroite par l'attention que nous dirigeons sur elles, et par la répétition des impressions qui les produisent en nous; mais le fait même de leur connexion échappe aux prises de notre volonté.

L'étude expérimentale de la suggestion par contiguïté donne lieu encore aux deux observations suivantes.

1° Lorsqu'une idée en évoque une autre, elle en évoque en même temps, ou du moins elle tend à en évoquer tous les concomitants, images connexes, sentiments, émotions, etc. Par exemple, si l'on prononce devant moi le nom d'un homme que je connais, l'image de ses traits me reviendra à l'esprit, et en même temps l'image des lieux où je l'ai vu; puis je me rappellerai les paroles que je l'ai entendu prononcer, les sentiments d'estime ou d'aversion qu'il m'a inspirés; en un mot, c'est toute la série des états psychologiques par lesquels j'ai passé autrefois à l'occasion de cet homme qui tend à se reproduire en moi dès que je pense à lui. Nos états de conscience passés, lorsqu'ils ont à renaître, tendent donc à renaître tout entiers, et non pas seulement en partie.

2° Lorsque deux idées ont fait partie d'un même état de conscience, l'une quelconque des deux idées peut évoquer l'autre. Si elles ont été données en succession immédiate, la première peut évoquer la seconde, mais la seconde n'évoquera pas la première. Par exemple, on récite bien une pièce de vers en gardant l'ordre naturel des mots, mais on ne la réciterait pas à rebours de cet ordre : l'association joue dans un sens, et ne joue pas dans l'autre.

Quant à la cause de la suggestion par contiguïté, nous la connaissons déjà, et même nous avons eu occasion, dans la théorie de la mémoire, d'en expliquer le mode d'action : c'est l'habitude. Nous pouvons donc nous dispenser d'insister maintenant sur ce sujet. Contentons-nous de rappeler très brièvement les principes de l'explication dont il s'agit. Deux idées qui se sont trouvées dans la conscience simultanément ou en succession immédiate tendent à s'évoquer l'une l'autre, parce qu'en vertu de la loi d'habitude nous tendons toujours à refaire ce que nous avons fait, et comme nous l'avons fait. Nous avons pensé une fois deux choses simultanément ou successivement; c'en est assez pour que nous ayons une tendance à les repenser encore de la même manière. Ces deux idées forment comme un couple qui tend toujours à se reformer : que l'une d'elles réapparaisse à la conscience, l'autre pourra réapparaître à sa suite. Nous disons *pourra réapparaître*, et non pas *réapparaîtra*, parce que chaque idée étant associée à une multitude d'autres, et ces dernières ne pouvant toutes réapparaître à la fois, il y aura nécessairement un grand nombre d'entre elles sur lesquelles la puissance évocatrice de l'idée primitive demeurera sans effet.

Il s'est cependant élevé des objections contre cette explication de l'association par contiguïté. M. Franck a fait observer que l'habitude ne crée rien, qu'elle est même incapable de rien ébaucher, qu'elle peut seulement fortifier ce qui existe ; que, par conséquent, elle rend compte peut-être de la force de l'association dans certains cas, mais non pas de l'association elle-même. Que deux idées se trouvent associées, et que par là elles tendent à s'évoquer l'une l'autre, on comprendra, dit le même auteur, que cette tendance doive croître, comme toutes les forces de la nature organique, par le fait même de l'exercice répété qui lui a été donné ; mais, si l'habitude a pu augmenter cette tendance, elle n'a pu lui donner naissance.

A cela nous répondrons qu'à la vérité l'habitude ne crée rien, mais qu'il ne s'agit pas ici de créer quelque chose. L'association n'est pas engendrée par l'habitude comme un fait est engendré par un fait différent ; *elle est l'habitude même.* Par cela seul que deux choses ont été pensées une fois simultanément, l'esprit tend à les repenser ensemble. Cette tendance c'est à la fois l'habitude et l'association, qui, par suite, ne sont pas deux choses différentes, mais une seule et même chose. Ceci suppose à la vérité que l'habitude a pour condition le simple fait d'agir, non le fait de répéter l'action, et que, par conséquent, elle commence dès le premier acte, et même dès le commencement du premier acte. Mais c'est bien ainsi qu'il faut l'entendre en effet. Nous en donnerons les raisons en traitant de l'habitude.

68. Loi de similarité. — La suggestion des idées est un fait facile à expliquer si c'est toujours en vertu de la loi de contiguïté qu'elle se produit ; mais il n'en est pas ainsi. Deux idées qui n'ont pas fait antérieurement partie d'une même conscience peuvent s'évoquer l'une l'autre pourvu seulement que leurs objets soient semblables : c'est ce qu'on appelle la *loi de similarité.* Par exemple, un inconnu que je rencontre dans la rue me fera peut-être penser à un de mes amis mort depuis dix ans, et cela parce qu'il lui ressemble. Il est donc certain qu'il y a une autre loi de suggestion des idées que la loi de contiguïté.

Cette autre loi semble de nature à nous créer quelque embarras. En effet, la loi de contiguïté s'expliquait bien par l'habitude ; mais la loi de similarité comment s'expliquera-t-elle ? L'habitude ne paraît pas pouvoir en rendre compte. Nous allons donc nous trouver en présence d'un seul et même fait, celui de la suggestion, paraissant suivre deux lois différentes, et procéder de deux causes. Cela est difficilement admissible. Nous devons donc nous efforcer de réduire l'une à l'autre les deux lois, ou du moins de les rattacher ensemble à un commun principe, qui sera nécessairement l'habitude, puisque c'est un point acquis désormais pour nous que l'habitude est la cause effective de la suggestion par contiguïté.

Un grand nombre de psychologues ont cru pouvoir faire rentrer la loi de similarité dans la loi de contiguïté. Voici le raisonnement sur lequel ils ont fondé cette opinion.

Soit un objet A qui m'est connu, mais que je ne perçois pas actuellement, et un autre objet B, que je perçois en ce moment pour la première fois. Ces deux objets sont supposés se ressembler ; c'est donc qu'ils ont en commun un certain caractère m. Ce caractère m est lié dans ma pensée avec tout l'ensemble des caractères qui constituent A, et cela en vertu de la loi de contiguïté, puisqu'il a été perçu dans A en même temps que tous ces caractères. Donc toutes les fois que m se représentera à mon esprit il tendra en vertu de la loi de contiguïté, à évoquer l'idée complexe A. Or dans B m se trouve par hypothèse. Il suffira, par conséquent, pour que la perception de B éveille en moi l'idée A, que j'en détache mentalement le caractère m qui s'y trouve compris, — ce qui se fera de soi-même, attendu que dans tout l'ensemble des caractères de B c'est m seul qui m'intéresse et qui attire mon attention, — et il est manifeste que c'est suivant la loi de contiguïté qu'aura lieu cette évocation.

Cette théorie contient un fond de vérité, mais elle a besoin de certaines rectifications et de certains compléments. On y suppose, en effet, que le même élément m est commun à A et à B ; or cela n'est pas exact, puisqu'il n'y a pas dans la nature deux choses identiques l'une à l'autre, ainsi que nous le montrerons plus tard. La vérité est que l'objet A contient l'élément m', et l'objet B l'élément m'', lesquels sont *semblables* entre eux. Pour rendre vraiment compte de la suggestion de A par B, il faut donc commencer par rendre compte de la suggestion de m' par m'', *en vertu de la similitude*. Mais cette question est précisément la même que l'on s'était proposée déjà à propos de A et de B, puisque, dans les deux cas, il s'agit toujours de la suggestion par similitude. Il semble donc que, par l'explication que nous avons rapportée, on n'ait pas fait un pas vers la solution du problème. Ce serait pourtant une erreur de le croire. En effet A et B sont, par exemple, deux hommes ayant même coupe de physionomie, mais différents par la taille, par la démarche, par le costume, etc. On peut donc dire que A se décompose en a, b, c, d,..... m', et B en p, q, r, s,..... m''; de sorte que la similitude de A et de B n'est qu'une similitude *partielle;* mais celle de m' et de m'' est une similitude *totale*. Les deux cas ne sont donc pas de tout point assimilables l'un à l'autre. Ce qui est certain c'est qu'une fois suggéré par m'', m' suggère à son tour a, b, c, d,... c'est-à-dire tout l'ensemble des caractères de A, et cela par contiguïté. Il était donc utile de faire la part de la loi de contiguïté dans le phénomène d'évocation de A par B. La théorie précédente garde par conséquent sa raison d'être; mais, l'explication qu'elle fournit une fois admise, il reste toujours à se demander comment la perception de m'' évoque dans l'esprit le souvenir de m'.

La cause de cette évocation doit être cherchée dans l'habitude, d'après ce qui a été dit plus haut, et c'est effectivement dans l'habitude qu'elle se trouve. L'habitude, nous l'avons montré, est certainement le principe des connexions résultant de la contiguïté, mais elle l'est aussi de la répétition du semblable dans le semblable. Ce que l'habitude produit ce sont toujours, en effet, des actions *semblables*, jamais des actions *identiques*. Le geste qu'on répète fréquemment par habitude, on ne le fait pas deux fois dans sa vie exactement de la même manière : ce geste ne peut jamais être que semblable à lui-même. L'habitude est donc précisément une tendance à passer du semblable au semblable. C'est qu'à vrai dire l'habitude est une loi en quelque sorte à deux faces. C'est par un effet de l'habitude que les parties d'un tout complexe demeurent unies entre elles et tendent à se reproduire ensemble : de là la loi de contiguïté. C'est encore par un effet de l'habitude que le tout formé par ces parties tend à se reproduire semblable à lui-même : de là la loi de similarité. La contiguïté et la similarité ne sont donc que deux aspects différents de la loi d'habitude en tant qu'elle s'applique aux faits de conscience.

S'il en est ainsi, on doit pouvoir s'attendre, contrairement à l'opinion commune, à ce que tout fait de suggestion d'idées soit à la fois un phénomène de contiguïté et un phénomène de similarité. C'est effectivement ce qui arrive. Tout fait de conscience est complexe, c'est-à-dire composé d'éléments divers entre lesquels une certaine cohésion doit être maintenue. Ainsi, dans le groupe abc l'élément a a une connexion naturelle avec les éléments b et c, en vertu de la loi d'habitude : voilà la contiguïté. De plus le groupe abc tend à se reproduire semblable à lui-même sous la forme $a'b'c'$, et cela également en vertu de la loi d'habitude : voilà la similarité. Donc on ne trouverait pas un phénomène de suggestion dans lequel la contiguïté et la similarité n'interviennent ensemble; et si certaines suggestions sont considérées comme relevant exclusivement de la loi de contiguïté ou de la loi de similarité, c'est que l'attention se porte de préférence soit sur la cohésion des éléments d'un fait de conscience complexe, soit sur la similitude de ce fait et du fait qu'il évoque. Du reste, on voit aisément que, abstraction faite de la connexion qu'établit entre elles leur communauté d'origine, les deux lois d'association doivent être considérées comme totalement irréductibles l'une à l'autre; ce qui donne raison aux psychologues de l'école associationniste anglaise, lesquels sont partisans de cette irréductibilité, contre ceux qui prétendent faire rentrer purement et simplement la loi de similarité dans la loi de contiguïté.

Mais, dira-t-on, ce n'est peut-être pas expliquer suffisamment la suggestion par similarité que de l'attribuer à l'habitude; car, si l'habitude est une disposition à refaire sous une forme *semblable* une chose que l'on a faite déjà, il y a lieu de se demander pourquoi la vue d'un portrait, par exemple, me fait penser à l'original, au lieu d'éveiller en moi une image quelconque qui serait semblable à ce portrait sans être pourtant celle de l'original lui-même. — C'est qu'à vrai dire ce serait définir l'habitude d'une manière fort incomplète que de la définir par la simple tendance à passer de l'action semblable à l'action semblable. L'habitude comporte bien autre chose. Elle comporte une sorte de cohésion de l'être vivant, en vertu de laquelle cet être tend à reproduire, non pas seulement une action semblable, mais l'action *la plus semblable possible* à celle qu'il a déjà faite. C'est pourquoi, parmi la multitude infinie des images semblables que peut évoquer en moi la vue d'un portrait, c'est l'image de l'original qui seule est évoquée, parce que c'est celle qui me laisse le plus semblable à moi-même, et qui est le plus conforme à ce besoin d'unité et d'identité qui est le fond dernier de ma nature, et dont la loi d'habitude elle-même n'est peut-être qu'une expression et un dérivé. Au reste, il est certain que l'habitude est en soi un grand mystère, et, par conséquent, il n'y a pas lieu de s'étonner si quelque chose d'obscur subsiste dans un phénomène dont l'habitude est le principe.

69. Loi des contrastes. — L'observation des faits conduit à reconnaître une troisième loi de suggestion : c'est la loi des *contrastes*. Elle consiste en ceci qu'un contraire éveille dans l'esprit l'idée de son contraire : par exemple, un nain fait penser à un géant, la lenteur de la tortue fait penser à la vitesse du lièvre, etc. La suggestion par contraste a son principe dans la nature même de nos conceptions. En effet, les qualités ou propriétés des objets ne peuvent nous être connues que par opposition à quelque chose de différent, et surtout à quelque chose de contraire, c'est-à-dire à quelque chose qui est précisément la négation de la qualité ou de la propriété considérée : ainsi la justice ne se conçoit bien que par son opposition avec l'injustice ; le courage, par son opposition avec la lâcheté, etc. « Montrez à un enfant une baguette, dit M. Bain, et dites-lui qu'elle est droite, vous n'offrirez probablement aucune notion à son esprit; mais présentez-lui en même temps une baguette courbée, et dites-lui qu'elle *n'est pas* droite, mais courbée, et vous lui donnez une connaissance véritable [1]. » C'est donc la structure même de notre esprit et de nos idées qui donne lieu au mouvement par lequel nous passons de l'idée d'une chose à l'idée de son contraire.

L'habitude ici n'a pas l'air d'intervenir, et pourtant elle intervient encore. Si, en effet, les idées contraires s'éclairent et se soutiennent mutuellement, il est naturel qu'elles forment dans notre esprit des groupes presque indissolubles, de sorte qu'une partie du groupe venant à réapparaître à la conscience, l'autre partie la suit nécessairement. La loi de contiguïté a donc une part certaine dans la suggestion par contraste. Il en est de même pour la loi de similarité. La raison en est que deux contraires ont toujours un fond commun : par exemple, on n'oppose pas la lenteur à la beauté, mais à la vitesse, ni la clarté au silence, mais à l'obscurité. Or la considération de ce fond commun peut donner lieu au passage d'une idée à l'autre. Ainsi, « quand nous rencontrons une personne de pauvre condition, dit encore M. Bain, le sujet des conditions humaines se présente à l'esprit, et, par l'effet de la similarité, d'autres cas peuvent apparaître. » La suggestion par contraste est donc, comme les précédentes, facile à expliquer par des principes connus.

[1]. *Les Sens et l'Intelligence*, p. 523.

70. Suggestion passive et suggestion active. — L'évocation de nos idées peut se produire de deux manières différentes : tantôt elle se fait d'elle-même, tantôt elle est provoquée par la volonté. Nous savons par expérience que souvent les idées et les sentiments naissent en nous sans que nous les ayons cherchés ni voulus, qu'ils naissent même contre notre gré. Nous savons aussi qu'il nous arrive souvent de chercher dans notre mémoire des idées ou des mots dont nous avons besoin. C'est cette distinction entre les deux formes de la suggestion qu'Aristote reconnaissait déjà lorsqu'il opposait à la μνήμη ou mémoire passive, l'ἀνάμνησις ou mémoire active.

Au sujet de la suggestion passive, il n'y a rien à ajouter à ce qui a été dit plus haut : elle est un résultat spontané des lois qui président à l'apparition de nos idées. Mais la suggestion active demande à être expliquée plus particulièrement.

De quelle nature est l'action que nous exerçons sur les idées suggestives pour obtenir les idées suggérées? L'école écossaise donnait pour objet à cette action de l'esprit la considération des rapports intelligibles qui peuvent exister entre nos idées. Par exemple, nous passerions de l'idée d'un phénomène à celle de sa cause (pourvu, bien entendu, que cette cause nous fût déjà connue), par la considération du rapport de causalité qui les unit.

Mais M. Brochard, M. Rabier et bien d'autres ont fait observer avec raison que le rapport existant entre deux idées ne peut être pensé qu'à la condition que les deux idées soient données d'avance à l'esprit; que, par exemple, on ne peut penser au rapport de cause à effet qui existe entre Scipion et la prise de Carthage si l'on ne pense pas simultanément à Scipion et à la prise de Carthage; et que, par conséquent, c'est une erreur de croire que la considération abstraite de la causalité puisse conduire à l'une de ces idées en partant de l'autre.

Pourtant, est-ce à dire qu'*aucun rapport ne soit en aucun sens cause d'aucune suggestion*, comme le prétend M. Rabier[1]? Il y a là, ce semble, une exagération. M. Rabier distingue les rapports *objectifs*, existant entre les choses mêmes, comme est le rapport de cause à effet qui existe entre Scipion et la prise de Carthage, et les rapports *pensés* par nous d'une manière expresse, comme lorsque nous disons, par exemple, qu'Octave s'est joué de la faiblesse de Cicéron; et il soutient que ni les rapports objectifs ni les rap-

---

1. *Psychologie*, p. 188.

ports pensés ne peuvent donner lieu à la suggestion de l'une des idées quand l'autre est déjà présente, attendu que ni les uns ni les autres de ces rapports ne peuvent subsister appuyés en quelque sorte sur un seul des deux termes, mais qu'ils les présupposent tous les deux. Le savant auteur a raison là-dessus, sans contredit. Qu'il soit donc entendu que les rapports ne peuvent êtres *pensés* qu'après que les idées qu'ils unissent sont données dans la conscience, et que, par conséquent, ce n'est pas en tant qu'ils sont pensés que les rapports interviennent dans la suggestion des idées. Mais suit-il de là qu'ils ne puissent pas intervenir d'une autre manière? Niera-t-on que les rapports de contiguïté, de similarité, de contraste, existent dans nos esprits avant d'être pensés par nous, et même qu'ils agissent d'une manière très efficace, en donnant lieu à de perpétuelles évocations d'idées? Ce serait dire que la contiguïté dans l'esprit, la similarité et le contraste *ne sont pour rien* dans la suggestion de nos idées les unes par les autres, et que, par conséquent, ce ne sont pas des lois suivant lesquelles nos idées s'associent. Voilà donc trois rapports qui interviennent dans la suggestion des idées à titre de phénomènes mentaux, quoiqu'ils n'y interviennent point à titre d'idées distinctes et réfléchies. On peut dire même qu'ils y interviennent encore à titre de phénomènes extérieurs et objectifs; car, s'il n'y avait ni contiguïté, ni similarité, ni contraste dans la nature, les idées ne s'associeraient pas dans nos esprits suivant les lois de la contiguïté, de la similarité et du contraste.

Quoi qu'il en soit, il demeure acquis que la suggestion des idées n'est pas une opération rationnelle, du moins si l'on entend par ce mot un acte de la pensée réfléchie et distinctement consciente d'elle-même ; car au-dessous de la réflexion il pourrait y avoir, et nous verrons plus loin qu'il y a en effet, une raison spontanée plus profonde et plus intime, de laquelle la suggestion des idées dépend. Les idées une foi données, la réflexion s'en empare pour dégager leurs rapports, les lier, les opposer entre elles. Ce sont des matériaux dont l'intelligence use, mais qu'elle ne crée pas. L'origine en est dans la spontanéité de la nature. Du reste nous ne manquons pas de moyens pour provoquer cette spontanéité à s'exercer, et c'est pour cela qu'il y a une suggestion active.

De tous ces moyens, celui qui s'emploie le plus fréquemment, et auquel semblent se ramener tous les autres, est celui qui consiste à fixer l'attention sur quelque partie de l'idée qu'il s'agit de faire surgir, et de provoquer par là l'apparition de l'idée entière. Par exemple, on cherche le nom d'une personne dont on se représente actuellement le visage. Il faut bien qu'on ait sur ce nom quelque donnée présente à l'esprit, autrement il n'y aurait rien à faire. Supposons que ce qu'on se rappelle ce soit la première lettre de ce nom : on partira de là pour tâcher de retrouver le reste. Lewes raconte que, désirant nommer son ami le docteur Bastian, il dit d'abord le docteur Brinton, puis le docteur Bridges, puis enfin le docteur Bastian : la lettre B avait servi à rappeler les trois noms. D'autres fois ce qu'on se rappellera ce sera l'assonance finale, et alors la même opération que précédemment se reproduira, mais d'une manière un peu différente. Tous les autres cas de suggestion volontaire sont plus ou moins analogues à ceux-là.

Ajoutons que la spontanéité organique et la volonté s'exerçant sous forme d'attention ne sont pas les seules causes qui donnent lieu à la suggestion de nos idées : il faut tenir compte aussi de l'influence du sentiment. En général, quand nous sommes en proie à une émotion ou à un sentiment vifs, les seules idées qui puissent avoir accès dans notre conscience sont celles qui ont un rapport assez direct avec cette émotion ou avec ce sentiment. Par exemple, un homme qui a été froissé ne peut penser pendant quelque temps qu'à l'objet qui cause son irritation. Il se représente constamment la scène à laquelle il a assisté, il se répète à lui-même involontairement les paroles qu'il a prononcées ou qu'on lui a dites, etc.

71. Importance particulière de la suggestion par ressemblance et par contraste. — Les trois lois de suggestion que nous venons de passer en revue n'ont pas, quant à la pratique, une importance égale. Le propre de la loi de contiguïté c'est de nous faire repasser par les mêmes séries d'impressions et de pensées par où nous sommes passés autrefois. Chez un être dont les idées ne se suggéreraient que de cette manière, l'ordre des images ne ferait donc que reproduire l'ordre des perceptions effectives : c'est-à-dire que la pensée tournerait, sans pouvoir en sortir, dans le cadre nécessairement très étroit de l'expérience acquise. Un tel être ne pourrait se représenter que ce qu'il aurait perçu, et dans l'ordre même où il l'aurait perçu : en lui la vie mentale ne serait que la répétition de la vie réelle. Tel est sans doute, à peu de chose près, le cas des animaux, même des plus élevés dans l'échelle des êtres. Mais l'homme n'en est pas là. Chez lui les ressemblances et les contrastes objectifs existant entre les idées donnent lieu à la suggestion des idées les unes par les autres. Or il n'y a pas dans l'esprit deux idées entre lesquelles la similarité ou le contraste n'établissent quelque passage. Tout ressemble à tout, ne fût-ce que par des rapports très généraux, comme être corporel, avoir une quantité, une qualité, et enfin pouvoir être pensé par une intelligence, ce qui établit une similitude entre tous les objets de nos pensées sans exception. Chaque pensée est donc une sorte de carrefour auquel aboutissent, comme autant d'avenues, toutes nos autres pensées; ce qui ouvre à l'esprit humain une carrière tout à fait illimitée dans le domaine des idées.

On dira peut-être qu'il n'y a aucune raison pour que les animaux soient moins bien partagés que l'homme sous ce rapport, puisque la suggestion par ressemblance et par contraste est, comme la suggestion par contiguïté, et de notre aveu même, une opération qui s'accomplit spontanément et sans l'intervention des facultés supérieures de l'esprit. Et pourtant nous maintenons que, même au point de vue de la simple suggestion des idées, l'homme possède une immense supériorité sur l'animal, et que, de plus, entre un homme et un autre homme la différence à cet égard peut être énorme. On ne veut jamais voir la raison que dans l'opération par laquelle l'esprit, en possession de ses idées, les assemble, les compare et juge de leurs rapports. Mais, si la raison n'était que cela, tous les hommes se vaudraient, ou peut s'en faut, quant à l'intelligence. Tout au plus pourrait-on dire que quelques-uns ont le jugement plus droit et plus sûr que d'autres, ce qui tiendrait uniquement à ce que les premiers seraient capables d'une attention plus soutenue, auraient moins de passions et de préjugés que les seconds. L'homme de génie alors serait par excellence ce que l'on appelle communément un *bon esprit*. Là n'est pas la vérité. La vérité est, au contraire, qu'avant l'intelligence réfléchie, qui opère sur les idées déjà présentes, est l'intelligence spontanée, qui invente et découvre les idées elles-mêmes. De toutes nos opérations mentales la meilleure partie s'accomplit en nous sans nous, c'est-à-dire sans intervention de la réflexion et de la volonté. Donc, sans revenir le moins du monde sur ce que nous avons dit, que les rapports de similitude donnent lieu à des suggestions d'idées *sans que ces rapports soient perçus*, nous pouvons dire que les similitudes les plus délicates et les plus fines, tout en étant les plus importantes, sont celles qui provoquent des suggestions d'idées chez les hommes les plus intelligents, sans en provoquer chez les autres. Tous les esprits sont loin d'être, sous ce rapport, du même degré et du même calibre. C'est pourquoi la suggestion des idées par similarité et par contraste est à son minimum chez les animaux, et à son maximum, au contraire, chez les représentants les plus achevés des races les mieux douées de l'espèce humaine.

72. L'association inséparable. — L'association que deux idées peuvent contracter ensemble en vertu de la loi de contiguïté devient si étroite quelquefois que les deux idées cessent d'être pour nous séparables; c'est-à-dire que nous devenons incapables de penser l'une sans l'autre. La conséquence naturelle de cette connexion absolue entre nos idées, c'est de nous porter invinciblement à croire qu'il y a entre les choses qui leur correspondent une connexion semblable. Les philosophes empiriques ont tiré un grand parti de ce fait de l'association inséparable pour expliquer les diverses nécessités de penser que tout le monde est bien obligé de reconnaître dans l'esprit. Par exemple, Hume a cherché à rendre compte par là de cette grande loi de l'intelligence qu'on appelle la loi de causalité, et l'explication qu'il en donne c'est que, lorsque deux faits A et B se sont suivis un grand nombre de fois dans notre expérience, leurs idées s'associent en nous si étroitement que, A venant à nous apparaître, nous attendons nécessairement B; et nous exprimons, suivant Hume, la nécessité de cette attente en disant que *A est la cause de B,* quoique les deux phénomènes ne soient effectivement liés l'un à l'autre qu'en apparence, et seulement au regard de notre conscience.

Cette doctrine est excessive. Nous ne pouvons pas la discuter ici, d'autant plus que nous aurons d'autres occasions de la retrouver. Ce qui est sûr au moins, c'est que l'association inséparable est la cause en nous d'une multitude de jugements et de préjugés contre lesquels nous sommes d'autant plus incapables de nous défendre qu'ils nous paraissent avoir pour eux l'autorité de l'évidence, alors qu'ils n'ont en réalité que l'autorité de l'habitude.

CHAPITRE V

L'IMAGINATION

73. Définition de l'imagination. — Reid définissait l'imagination : « Une vive reproduction des perceptions de la vue. » Dugald Stewart contesta cette définition, disant que ce ne sont pas seulement les perceptions de la vue qui se reproduisent, mais celles de tous les sens. Dugald Stewart avait raison en cela contre son maître. Il est certain que toutes nos sensations, à quelque sens qu'elles appartiennent, peuvent réapparaître dans notre conscience en l'absence de leurs objets ; et alors pourquoi réserver le nom d'imagination à la reproduction des images visuelles, à l'exclusion de toutes les autres? De plus, si l'imagination était toute dans les images visuelles, il faudrait la refuser aux aveugles-nés, ce qui est contraire aux faits.

Mais, si Dugald Stewart a raison contre Reid, tous deux ont tort de faire de l'imagination une faculté reproductrice des images. Sans doute la faculté reproductrice des images existe bien en nous, mais elle a un nom connu : elle s'appelle la *mémoire*. Il est donc inutile de lui donner un nom nouveau. Si l'imagination n'était que ce que l'on nous dit, elle ne serait rien, et ce ne serait pas la peine d'en parler.

Qu'est-ce donc que l'imagination? Si nous interrogeons le sens commun et l'usage de la langue, nous reconnaîtrons que ce que l'on désigne par le mot *imagination* c'est la faculté de créer et d'inventer, et non celle de se représenter ce qui a été perçu. Par exemple, si quelqu'un pouvait dessiner sans la voir la cathédrale de Paris, on dirait que cette personne a une grande mémoire, mais non pas qu'elle a une grande imagination. Au contraire, on dit que tel artiste a l'imagination puissante, inventive, voulant faire entendre par là qu'il est capable de créations originales. L'imagination est donc pour le sens commun, et elle sera également pour nous, le pouvoir créateur de l'esprit. Nous ne pouvons reconnaître, par conséquent, que ce que l'on nomme *l'imagination créatrice*. Quant à ce que certains auteurs appellent *mémoire imaginative,* ou *imagination reproductrice,* c'est, encore une fois, la mémoire et non pas l'imagination.

Cependant, pour nous conformer à une vieille tradition philosophique, et aussi pour la commodité du discours, il nous arrivera quelquefois de désigner par le mot *imagination* la faculté de la représentation des images, d'une manière générale, abstraction faite de la question de savoir si l'image représentée est une création de l'esprit ou un souvenir. Il n'y a pas là un manquement au principe que nous venons de poser; car user d'un mot ou d'un autre c'est affaire de vocabulaire, non de psychologie; et la confusion n'est pas à craindre du moment qu'on est prévenu. A l'égard de la théorie psychologique, ce que nous avons dit subsiste entièrement : c'est-à-dire que, si la faculté de représentation des images, quel que soit son nom, crée, nous la rattacherons à l'imagination; si elle ne crée rien, et ne fait que reproduire des souvenirs, nous la rattacherons à la mémoire.

74. Comment l'imagination crée. — Mais, si l'imagination crée, elle ne crée point de toutes pièces. Comme l'artisan, qui avec du bois fait une table ou une porte, elle a besoin d'une matière qu'elle puisse mettre en œuvre. Pas plus dans l'ordre de la pensée que dans l'ordre des choses corporelles, l'homme n'est capable de créer *ex nihilo*. Cette matière, ce ne peuvent être évidemment que les souvenirs dont l'esprit est déjà pourvu. Ainsi l'imagination est à cet égard sous la dépendance de la mémoire. Celui qui ne sait rien n'inventera jamais rien. Mais on aurait tort de croire que plus une personne a de souvenirs, plus elle doit avoir d'aptitude à en former des idées nouvelles. On peut avoir beaucoup de mémoire et manquer totalement d'imagination. L'imagination est un pouvoir spécial et *sui generis* de l'esprit, ce qui ne veut pas dire d'ailleurs une faculté irréductible et fondamentale.

Mais quels sont les souvenirs que l'imagination peut mettre en œuvre? Ce sont :

1° Les souvenirs visuels, qui sont les plus importants de tous chez les clairvoyants, et c'est en quoi Reid avait raison partiellement;

2° Les souvenirs de tous les autres sens;

3° Les souvenirs de nos diverses impressions psychologiques;

4° Les souvenirs des choses abstraites, comme sont les idées scientifiques ou philosophiques.

Ainsi, il n'est point de souvenirs sur lesquels l'imagination ne puisse avoir prise.

Quant à l'action que l'imagination exerce sur les souvenirs, elle est assez diverse. Sans prétendre en passer en revue toutes les formes possibles, on peut dire que l'imagination agit surtout :

1° Par *addition* ou *suppression*. Par exemple, je puis retrancher mentalement d'un jardin ou d'un salon tel objet qui me déplait, et y introduire tel autre objet qui m'agrée.

2° Par *augmentation* ou *diminution* de la réalité. Par exemple, je puis me représenter également bien un homme de dix mètres de haut et un homme de dix centimètres. Toutefois il est certain que l'imagination tend plutôt à accroître les proportions des objets qu'à les amoindrir : elle use plus volontiers de l'hyperbole que de la litote. C'est qu'en général la grandeur des objets est l'un des éléments principaux de l'intérêt qu'ils nous inspirent.

3° Par *combinaison,* c'est-à-dire par une sorte de fusion de deux images, d'où résultera la formation d'une image nouvelle différente des deux premières. Les images de ce genre sont ce que l'on appelle des *fictions.* Une fiction, c'est donc un objet dont les éléments sans doute sont pris dans la nature, mais qui pourtant lui-même est en dehors de la nature, et n'existe que par la fantaisie de l'art qui l'a créé. Tels sont les centaures, les chimères, les sirènes, etc.

4° Par *transposition,* c'est-à-dire en substituant à une idée une idée différente qui tiendra la place de la première dans l'esprit. C'est sous cette dernière forme surtout que l'imagination joue un rôle important dans notre vie intellectuelle. La raison en est qu'il est une multitude d'idées, et précisément les plus importantes de toutes, les idées abstraites, qui ne peuvent guère entrer dans nos intelligences que par l'intermédiaire d'idées concrètes, c'est-à-dire d'images leur servant de symboles ou de substituts. De là l'usage de la métaphore et, en général, de toutes les figures du langage. Ce besoin de symboliser les choses abstraites ou celles de l'ordre moral est surtout remarquable chez les peuples enfants et chez les intelligences primitives. C'est qu'il faut une haute culture d'esprit et une grande habitude du maniement des idées pour pouvoir demeurer dans l'abstrait pur sans s'y perdre, et pour exprimer abstraitement des pensées elles-mêmes abstraites. Quand on n'a pas la force intellectuelle nécessaire pour cela, on tâche d'y suppléer au moyen d'images et de symboles. Évidemment, le symbole est un secours pour la faiblesse de l'esprit, mais il a l'inconvénient d'ôter à nos pensées leur précision. Que la poésie use de figures et de métaphores, rien de plus légitime, parce qu'elle vise à la couleur plus qu'à la netteté et à la précision des idées ; mais la perfection du style philosophique ou scientifique consiste plutôt dans une sorte de nudité absolue, et dans l'emploi exclusif des termes propres.

75. Nature de l'imagination. — Quelle est la nature de l'imagination ? Devons-nous en faire une faculté à part et un pouvoir irréductible de l'esprit ? Non, attendu que toutes les opérations qu'on met sous son nom s'expliquent fort bien par les lois connues de l'association des idées. De même, par conséquent, qu'ayant expliqué toutes les parties du souvenir par des causes connues, nous avons été dispensés par là de faire de la mémoire elle-même une faculté originale, de même nous devons voir dans l'imagination non pas une faculté, mais un ensemble de faits analogues et groupés sous un même nom. Quant à la cause effective de ces faits, c'est simplement le jeu de l'esprit dans l'association des idées. Pour s'en convaincre il suffira d'analyser rapidement la nature des diverses opérations de l'imagination que nous venons d'énumérer.

La première (addition ou suppression) consiste dans une simple dissociation des éléments d'un tout donné, ou dans l'introduction d'éléments nouveaux dans un tout déjà existant.

Pour la troisième (combinaison, création de centaures, etc.) c'est la même chose, sauf que dans ce dernier cas l'union des éléments assemblés est généralement plus intime que dans le premier, et que ces éléments sont plus dissemblables.

La deuxième (augmentation ou diminution de la réalité) tient à la faculté qui est en nous de nous représenter un seul et même objet à des échelles diverses de grandeur. Mais cette faculté n'est pas pour nous une faculté nouvelle ni inconnue ; c'est simplement la suggestion des idées par ressemblance. Il se pourrait que l'aptitude à passer d'une idée à une autre en vertu de la ressemblance fût, selon ce qui a été dit plus haut (71), l'un des pouvoirs les plus originaux et les plus essentiels de l'esprit ; mais, cette faculté une fois donnée, il n'y a plus lieu d'admettre sous le nom d'imagination une faculté spéciale servant à la représentation des objets sous des proportions autres que celles que nous percevons ou que nous avons perçues autrefois.

Quant à la quatrième (transposition et substitution d'un certain ordre d'idées à un ordre différent), elle implique évidemment une analogie entre les deux idées dont l'une est mise ainsi à la place de l'autre, et par conséquent, comme la précédente, elle ne suppose rien de plus que la suggestion des idées en vertu d'analogies et de ressemblances. Donc, en définitive, nous ne voyons dans toutes les créations de l'imagination que des combinaisons d'idées d'après les lois de l'association.

L'imagination joue dans la vie humaine un rôle considérable. Sans entrer dans le détail des services qu'elle rend à l'homme, nous allons montrer comment elle intervient dans la vie pratique, dans les sciences et dans les beaux-arts.

76. Rôle de l'imagination dans la vie pratique. —
Il n'est pas surprenant qu'on ait besoin d'imagination dans la vie pratique. En effet, dans la vie nous sommes tenus à inventer constamment. Tout ce que nous faisons avec réflexion implique de certaines suppositions plus ou moins expresses relativement aux conséquences que nos actions peuvent entraîner. Par exemple, un négociant fait une spéculation : c'est qu'il suppose que le cours des marchandises variera en tel sens. Un général d'armée commande un mouvement à ses troupes : c'est qu'il estime que son adversaire va, de son côté, faire telle manœuvre. Il en est ainsi pour tout le monde, et dans presque toutes les circonstances de la vie. Pour agir il faut prévoir, et pour prévoir il faut imaginer, puisque, l'avenir n'étant pas encore, nous sommes obligés, pour nous régler sur lui, de le créer en esprit par anticipation.

L'imagination intervient encore dans la vie commune sous une autre forme. Les vieillards aiment à se rappeler le passé, et quand ils en évoquent les souvenirs, l'imagination complaisante ne manque jamais de prêter les couleurs les plus riantes à tout ce qui les a charmés autrefois. Les jeunes gens songent à l'avenir, et, dans les rêves où ils l'entrevoient, ils le font toujours brillant et beau. Ici ce n'est plus pour l'action que l'imagination nous sert; mais c'est assez qu'elle procure à l'homme de doux moments pour le consoler de ses heures tristes, qu'elle poétise son existence, qu'elle engendre enfin l'espérance, ce grand moteur du monde moral.

77. Rôle de l'imagination dans les sciences. —
Le savant observe, expérimente et raisonne : tout cela ne se fait pas au hasard, mais suppose une hypothèse directrice. Or une hypothèse

est une création de l'imagination. On comprend donc que, pour être un savant, du moins un savant original et capable de faire progresser la science, il soit nécessaire d'avoir une imagination puissante. Voltaire a dit qu'Archimède n'avait pas moins d'imagination qu'Homère : peut-être ce mot n'a-t-il rien d'exagéré. C'est en vain qu'on a objecté que l'imagination est dangereuse pour le savant. Il est certain qu'un savant qui prendrait pour des vérités les rêveries de son imagination tomberait dans de graves erreurs. Mais, si l'abus est possible, ce n'est pas une raison pour proscrire l'usage : autant vaudrait, comme on l'a dit, interdire les machines à vapeur sous prétexte qu'il y a des chaudières qui font explosion. Du reste, rien ne saurait prévaloir contre cette vérité évidente que l'imagination c'est la faculté d'inventer, et que, par conséquent, le génie n'est rien autre chose que l'imagination même à son plus haut degré de puissance.

Essayons donc de déterminer en quoi consiste le génie dans les sciences, c'est-à-dire quelle est la nature de l'imagination scientifique. Le but de la science c'est, en général, l'explication des faits. Mais qu'est-ce qu'expliquer un fait? Pour que l'explication d'un fait soit réelle, et non pas seulement verbale, comme sont les explications par des entités métaphysiques, il faut que le principe invoqué soit une chose réelle, et de plus une chose connue, c'est-à-dire un fait encore. Mais un fait particulier sera-t-il le principe qui permet d'expliquer un autre fait particulier? Évidemment non, car un principe est nécessairement quelque chose de *général*. Un fait particulier a autant besoin d'explication qu'un autre fait ; il ne peut donc servir à en rendre compte. Ainsi le fait par lequel on expliquera le fait considéré ne poura être qu'un fait général, c'est-à-dire une *loi*. Mais comment concevoir le rapport du fait particulier au fait général? Les supposerons-nous hétérogènes l'un à l'autre? Alors il sera impossible de trouver dans le second la raison du premier. Ce n'est pas même une homogénéité parfaite, c'est une véritable identité de nature qui doit exister entre eux pour que leur relation soit celle d'un principe à sa conséquence. Or il n'y a qu'une seule manière possible d'entendre l'identité dont nous parlons : c'est d'admettre que le fait particulier c'est le fait général lui-même, mais déterminé, modifié d'une certaine façon; ou, plus simplement, que le phénomène n'est pas autre chose qu'une application de la loi. Il est, du reste, facile de montrer par des exemples que ce qui rend compte d'un fait c'est ce fait lui-même considéré dans sa généralité, ou, si l'on aime mieux, dans son essence abstraite. Un ballon, un nuage de fumée, s'élèvent dans l'air : c'est que, d'une manière générale, tous les corps plus légers que l'air tendent à s'élever. L'ascension des corps légers, voilà le principe. Le ballon, la fumée, sont des corps légers particuliers et déterminés : leur ascension est seulement une application de la loi générale. Mais cette loi générale a elle-même sa raison dans une loi plus générale encore, qui permet d'en rendre compte, et qui est le *principe d'Archimède*. Or, si l'on examine quel est le rapport de la loi moins générale à la loi plus générale qui l'explique, on voit que ce rapport est encore le même que dans le cas précédent, c'est-à-dire que la première est une détermination et une forme plus particulière de la seconde. D'après le principe d'Archimède, tout corps plongé dans un fluide en reçoit une poussée égale au poids du fluide déplacé. Disons que le fluide considéré est l'air, et que le corps immergé est plus léger que l'air. Il en résulte immédiatement la conséquence que la poussée de bas en haut doit faire monter le corps.

Ainsi la découverte scientifique consiste à dépouiller le fait particulier, ou même la loi qu'il s'agit d'expliquer, de tout ce qui rend particuliers ce fait ou cette loi, pour arriver à la conception pure de l'essence abstraite qui est le principe de tout, et dont les faits ne sont que des manifestations et des conséquences. On comprend par là que le génie du savant doive s'appliquer surtout à écarter les apparences qui seules frappent les intelligences vulgaires, pour rechercher les raisons cachées des choses. Ces raisons cachées sont des propriétés que nul n'avait aperçues encore, mais qui frappent un esprit apte aux découvertes scientifiques. L'eau courante ne nous affecte d'abord, comme le remarque M. Bain, que par sa surface polie, par son murmure et par les ravages qu'elle exerce; mais un jour vint où quelqu'un s'avisa qu'elle était aussi une force, et créa la roue hydraulique. La fleur et la plante entière ont même structure; mais il fallait l'œil d'un Gœthe pour l'apercevoir, tant l'apparence générale est différente de part et d'autre! Il en est de même pour tous les cas. Toujours, pour comprendre et pour inventer, il faut retrouver sous des formes insolites, et en dépit d'apparences contraires, une propriété ou une loi générale qu'on avait jusque-là considérée sous des aspects très différents. Cela revient à dire que découvrir ou inventer c'est dissocier autrement qu'on ne l'avait fait encore les éléments des idées que la réalité suggère. Le génie scientifique est donc avant tout une aptitude à dissocier avec puissance et originalité; car, pour l'assimilation dans laquelle consiste proprement la découverte, elle se fera d'elle-même, la dissociation utile une fois opérée. Aussi le génie n'est-il pas, comme on est trop souvent porté à le croire, quelque chose d'anormal et de mystérieux. Encore moins est-ce une *névrose* et un commencement de folie. Non, c'est quelque chose de très normal et de très naturel, et que tous les hommes possèdent, mais le plus grand nombre à un degré inférieur. Ce qui déroute la réflexion et court risque de nous tromper sur la nature du génie, c'est la soudaineté de ses découvertes. Il est effectivement certain que la dissociation d'idées qui met l'homme de génie en possession d'une vérité importante se fait tout d'un coup et jaillit comme un éclair ; mais cela ne veut pas dire que des rencontres de ce genre se fassent au hasard ou d'une manière inexplicable. Elles supposent au contraire, en général, de longues méditations, des efforts prolongés et une multitude de tentatives infructueuses. On demandait un jour à Newton comment il avait fait sa grande découverte ; il répondit : « C'est en y pensant toujours. »

78. Création de l'imagination dans les beaux-arts. — On peut distinguer dans la création d'une œuvre d'art trois moments différents :

1° La conception du but à atteindre ou du sujet à traiter. Ce premier point est important, non pas qu'un sujet soit en lui-même beau ou laid, indépendamment de la manière dont il sera exécuté, mais parce qu'un artiste a besoin d'être soutenu par son œuvre elle-même et par l'intérêt qu'il y prend. Un sujet qui n'inspire pas est un sujet qu'il faut rejeter.

2° L'élaboration du sujet. Quand un artiste a conçu dans sa pensée le dessein d'une œuvre à créer, et qu'il y a porté longuement son attention, il a dans l'esprit un *plan* plus ou moins précis, qui est déjà en quelque sorte l'œuvre d'art elle-même, moins les détails d'exécution. Cette méditation persévérante est très nécessaire si l'on veut ne pas aller au hasard, et faire une œuvre sérieuse. « C'est faute de réflexion, dit Buffon, c'est pour n'avoir pas assez médité son sujet qu'un homme d'esprit se trouve embarrassé, et ne sait par où commencer à écrire. » Racine pensait de même, quand il disait un jour : « Ma tragédie est presque terminée : je n'ai plus que les vers à faire. »

3° Enfin l'exécution proprement dite, qui consiste pour l'artiste à donner à sa pensée la forme que comporte son art. Pour l'exécution chaque art a sa technique, que connaissent seuls les initiés ;

nous n'avons donc pas à nous en occuper ici. Mais la poésie donne lieu à des considérations d'un intérêt général, et qui se rapportent d'une manière très directe à la théorie de l'imagination.

Le moyen d'expression du poète, c'est le mot. Or le mot peut exprimer l'idée soit directement, lorsqu'il signifie exactement ce qu'il veut dire, soit indirectement, lorsqu'il dit une chose pour en faire entendre une autre. Dans ce dernier cas le style est *figuré* ou *métaphorique*. En général, les poètes usent plutôt de l'expression figurée que de l'expression propre, et même c'est l'aptitude à trouver et à manier les figures qui, plus que tout le reste peut-être, caractérise le génie poétique. C'est que le mot propre, par son exactitude, est celui qui convient le mieux à qui veut instruire ou convaincre; mais il ne s'agit pas pour le poète de convaincre ni d'instruire; il s'agit de plaire et de charmer l'imagination par l'évocation d'images ou gracieuses ou grandioses. La métaphore est donc la forme naturelle du langage poétique. Par l'emploi de la métaphore la pensée peut gagner infiniment en richesse et en variété : elle gagne même en clarté quelquefois ; car il est telle image poétique qui traduit pour l'imagination avec une vivacité saisissante des idées que le pur entendement ne réussissait pas à élucider.

Trouver des images pour exprimer les pensées voilà donc le grand objet de l'art du poète ; et plus ces images seront vives et fortes, plus surtout elles seront inattendues, plus elles paraîtront venir de loin tout en restant justes et claires, plus elles auront de beauté. On a cité maintes fois à ce sujet la brillante comparaison qu'inspirait à Victor Hugo la mort d'une jeune fille :

> Ainsi qu'en s'envolant l'oiseau courbe la branche,
> Son âme avait brisé son corps.

Un vieillard mourant, dans l'imagination de Lamartine,

> S'attache comme un lierre aux débris des années.

Homère, dans l'Iliade, compare Apollon descendant de l'Olympe à la nuit qui tombe des montagnes. Il s'avançait, dit-il, « semblable à la nuit ».

Si maintenant nous examinons comment l'imagination procède dans la création des figures poétiques, nous reconnaîtrons que c'est par des dissociations d'idées ou d'images permettant des assimilations entre des choses en apparence très diverses. Le vulgaire voit les choses vulgairement : le poète en a une vision qui n'appartient qu'à lui. Ce qui nous échapperait le frappe, et, comme son imagination le porte vers des côtés de la réalité que nous ne voyons pas, il trouve aux choses des ressemblances que nous n'aurions pas aperçues. Le poète est un voyant, et un voyant qui fait voir : car les choses mêmes que l'œil perçant de son génie pouvait seul découvrir, il sait les rendre visibles à tous les yeux par des images brillantes.

Cette faculté de vision supérieure à celle du commun des hommes rapproche le génie poétique du génie scientifique. Il y a pourtant entre les deux cette différence capitale que le poète considère les choses par leur côté concret et sensible, tandis que le savant les prend par leur côté abstrait. Le poète embellit la réalité, le savant la dépouille de ses apparences trompeuses pour la réduire à sa pure essence. Tous deux ont de la nature une intuition supérieure, et cette intuition appartient à l'esprit seul ; car le poète même, quoiqu'il considère surtout les choses sensibles, les voit encore plus par sa pensée que par les yeux de son corps. Tous deux font une même œuvre, qui est une œuvre de dissociation et d'assimilation ; mais, cette œuvre, ils la font par des procédés diamétralement différents.

Quant aux moyens par lesquels l'artiste exprime sa pensée et la traduit pour les autres hommes, moyens qui diffèrent suivant la nature de son art (formes et couleurs s'il est peintre, sons s'il est musicien, figures poétiques s'il est poète, etc.), ils lui seront suggérés en foule par le sujet lui-même, pourvu que ce sujet ait été par avance suffisamment médité par lui, et que son esprit soit abondamment pourvu de souvenirs et d'images se rapportant à l'art particulier qu'il exerce. Si ces deux conditions sont remplies, l'artiste verra surgir devant lui, suivant la pittoresque expression d'un poète anglais, « toute une populace d'idées », de sorte qu'il n'aura point à craindre de se trouver à court.

Mais, précisément en raison de cette abondance des moyens d'expression qui s'offrent à lui, il importe que l'artiste sache choisir, car ces moyens ne sont pas tous bons. Ce qui fait l'habileté à choisir, c'est le *goût*. Le goût n'est rien autre chose qu'un fin discernement du bon et du mauvais, qui permet soit à l'artiste, soit au critique, de reconnaître, non par principes, mais par une sorte d'instinct supérieur, ce qui peut agréer au sentiment et à la raison, et ce qui doit leur déplaire. C'est une grande chose que le goût, et un don bien rare : dans tous les cas c'est un don bien différent du génie. Victor Hugo, qui avait tant de génie, manquait souvent de goût. Lamartine a commis d'étonnantes erreurs en critique littéraire, au sujet de la Fontaine par exemple. D'autre part, il est des hommes du goût le plus délicat qui sont totalement dépourvus de la faculté d'invention. Lorsque les deux qualités se trouvent réunies chez un même artiste, et surtout si elles sont d'un degré éminent, alors c'est la perfection. Pourtant il faut convenir qu'il est des artistes qu'on aurait tort de juger d'après les inspirations d'un goût nécessairement quelque peu exclusif, parce que leur grandeur les met au-dessus des règles communes. Eschyle, Dante, Shakespeare, Michel-Ange, font quelquefois à la raison et au sentiment des violences qu'il faut accepter, parce qu'en froissant la nature ils savent l'élever au-dessus d'elle-même.

CHAPITRE VI

APPENDICE A LA THÉORIE DE L'IMAGINATION

Nous avons vu que l'imagination dans les beaux-arts n'est pas autre chose que le pouvoir de dissocier et de réassocier dans un ordre nouveau les éléments d'idées complexes. Par là le fait d'imagination s'est trouvé complètement expliqué par des facultés connues, sans qu'il fût nécessaire de faire appel à des facultés nouvelles. Mais, quand on examine les créations de l'imagination dans certains états particuliers de la vie psychologique, tels que la rêverie, le rêve, le somnambulisme, la folie, on peut être amené à penser qu'elle est quelque chose de plus que ce que nous avons dit, et que dans ces états peuvent se développer des facultés inconnues ou anormales. Il n'en est rien pourtant. Les faits qui paraissent les plus extraordinaires au premier abord s'expliquent, quand on les analyse avec soin, par le jeu normal de nos facultés naturelles. Une rapide étude de ces différents états va nous en convaincre.

79. La rêverie. — On appelle *rêverie* cet état dans lequel, bien que nous soyons éveillés, la raison et la volonté, qui sont les facultés maîtresses, ayant en quelque sorte abandonné momentanément le gouvernement de nos pensées et de nos sentiments, ces pensées et ces sentiments livrés à eux-mêmes suivent leur cours naturel avec toute la spontanéité d'une énergie que rien ne comprime plus. Cet état a généralement un grand charme. Le gouvernement de soi-même par la raison, quelque nécessaire qu'il soit, est une fatigue, parce que c'est un effort constant; aussi est-il doux de s'abandonner pour un instant, parce qu'alors on vit sans avoir la peine de vivre. Or il peut arriver que, dans cet état de somnolence des facultés actives, nous devenions capables de conceptions grandioses qu'il nous sera impossible de reconstruire, et même de retrouver par le souvenir, dès que nous aurons repris possession de nous-mêmes. Mais ces faits, anormaux en apparence, n'ont rien qui doive nous étonner, et M. Bain a pu en rendre compte d'une façon très simple. Chacun de nous, dit en substance M. Bain, a sa passion dominante, laquelle suscite sans cesse dans l'esprit des idées et des images dont elle se nourrit. Mais, comme nous avons à faire dans la vie une œuvre sérieuse et pratique, à laquelle ces idées et ces images coopèrent faiblement, et dans tous les cas ne peuvent coopérer que tour à tour, la volonté refoule toutes celles qui sont inutiles dans le moment présent, sans toutefois les détruire. Elles continuent donc à subsister à l'état latent dans les profondeurs de l'âme et de l'organisme, toutes prêtes à réapparaître lorsque la puissance qui les tenait écartées se sera relâchée de sa surveillance. Mais, dans la rêverie précisément, cette puissance cesse de remplir son office; d'où il suit que toutes ces images mises en liberté surgissent en foule, comme un essaim bourdonnant, devant l'esprit émerveillé d'une richesse qu'il ne se connaissait point. Voilà pourquoi, par exemple, un homme de science se trouve quelquefois l'esprit plus lucide quand il rêve à moitié que lorsqu'il travaille péniblement à mettre de l'ordre dans ses idées; pourquoi un ambitieux, qui ne rêve guère tout éveillé, mais dont l'amour des grandeurs inspire toutes les pensées et toutes les actions, découvre en lui-même une imagination merveilleuse, s'il vient à tomber dans une rêverie se rapportant à sa passion. A quoi nous ajouterons qu'il pourrait bien y avoir beaucoup d'illusion dans l'enthousiasme que les conceptions de la rêverie excitent en nous. Quand la raison est absente, la critique manque, et sans critique pouvons-nous bien nous rendre compte de ce que valent nos idées? Il est probable que ce qui nous émerveille en elles est souvent d'une qualité assez médiocre.

80. Le rêve. — Le rêve est analogue à la rêverie, mais la raison et la volonté y ont moins de part encore que dans la rêverie, parce que, grâce au sommeil, l'atonie des organes y est plus complète. Ce qui caractérise le rêve, plus encore que l'éclat et la nouveauté des conceptions, c'est l'abondance et la rapidité avec lesquelles elles se succèdent. Cette abondance et cette rapidité sont telles que, dans quelques secondes de sommeil, on peut avoir le souvenir des états d'une existence entière, et par conséquent revivre par la pensée toute cette existence. C'est du moins ce qu'affirment avoir éprouvé les noyés, par exemple, dans les quelques instants qui ont précédé pour eux une asphyxie incomplète. Cette rapidité s'explique par l'absence d'images répressives. A l'état de veille nos sensations sont lentes, de sorte que les souvenirs qui nous reviennent à l'esprit sont entravés dans leur évolution ; car il est clair que nous ne pouvons pas nous imaginer avoir vécu des années dans un temps très court, alors que la conscience atteste que, dans ce temps, nous avons pu seulement faire quelques pas ou prononcer quelques paroles. Mais, dès que l'obstacle venant de la lenteur de nos sensations effectives est levé, la mécanique cérébrale reprend la course qui lui est naturelle, et il faut croire que cette course est fort rapide, puisque alors nos souvenirs vont si vite. Du reste, c'est cet état de rapidité extrême qui est l'état normal, puisque la lenteur de nos conceptions pendant la veille ne vient que d'un empêchement à ce que la machine cérébrale fonctionne avec sa vitesse naturelle.

On peut se demander aussi quelle est la puissance qui dirige les rêves. Ce n'est pas la volonté, car elle est engourdie ; et pourtant on peut admettre que, dans certains cas, des vestiges de responsabilité subsistent pour nous dans le sommeil. C'est plutôt le sentiment, et surtout la sensation, qui impriment à nos rêves leur cours. Ainsi, une mauvaise digestion peut susciter un cauchemar. Une sensation éprouvée dans le cours du sommeil donne lieu à la conception d'images adaptées ; mais alors l'effet est toujours considérablement agrandi. Un coup d'épingle, par exemple, fait rêver d'un coup de poignard ; un dormeur ayant mal à la tête rêve qu'il est scalpé par des sauvages ; M. A. Maury, ayant reçu sur le cou une tringle qui supportait les rideaux de son lit, rêve qu'il est guillotiné sous la Terreur, etc.

81. Le somnambulisme. — Ce sont surtout les phénomènes du somnambulisme qui ont donné lieu de supposer que des facultés anormales peuvent s'éveiller en nous dans certaines circonstances. Il en est, en effet, parmi ces phénomènes, qu'on peut, au premier abord, juger tout à fait extraordinaires, par exemple la vision à travers des corps opaques ou à des distances considérables. Mais l'existence de pareils faits n'a jamais été bien prouvée, et le serait-elle, que la méthode scientifique nous ferait une obligation rigoureuse de chercher à les expliquer par les facultés connues.

Le somnambulisme prend deux formes principales : le somnambulisme provoqué, ou *hypnotisme*, et le somnambulisme naturel.

C'est le premier surtout qui donne lieu aux faits prétendus anormaux dont nous venons de parler; mais le second a pour nous un intérêt particulier, parce qu'il nous offre l'occasion de poser et de résoudre une question importante : comment la pensée meut-elle le corps ?

Le somnambulisme naturel a été défini très exactement *un rêve en action*. En effet, le rêve ordinaire ne se compose que de tableaux qui passent devant notre imagination sans provoquer l'exercice de l'activité motrice. Au contraire, un rêve de somnambule est un rêve *agi;* c'est-à-dire que le somnambule exécute réellement les actions que son imagination lui représente.

Mais quelle est la cause qui donne lieu aux mouvements par lesquels les conceptions du somnambule se réalisent? Il est facile de prouver que ce sont ces conceptions elles-mêmes. En effet, elles sont les seuls antécédents assignables des mouvements : c'est donc à elles seules que les mouvements doivent être attribués. Il est vrai que, dans le rêve ordinaire, les conceptions ne provoquent point de mouvements; mais c'est qu'alors des causes telles que l'atonie du système nerveux moteur empêchent l'action de s'accomplir. Du reste, mille exemples tirés de la veille et empruntés à l'expérience la plus vulgaire prouvent surabondamment que toute représentation d'action tend à provoquer le mouvement par lequel elle se réalise. Ainsi on voit les petits enfants être incapables de raconter une histoire qui les intéresse sans accompagner leur récit d'une mimique expressive : c'est que ce qu'ils racontent ils se le représentent, et ce qu'ils se représentent ils l'exécutent autant qu'ils peuvent. De même, lorsque l'on regarde sous ses pieds un grand espace vide, on éprouve ce qui s'appelle le vertige, c'est-à-dire une sorte d'impulsion à s'y précipiter : c'est que l'idée de la chute possible est suggérée alors avec une intensité telle que l'on tend fortement à la réaliser ; et si à cette sollicitation de l'imagination on ajoute celle d'une perception effective résultant de la chute d'un corps, le péril devient bien plus grand encore. Toute pensée est donc un commencement d'action; et voilà pourquoi nous sommes responsables de nos pensées comme de nos actions, si elles ont été volontaires.

C'est encore en vertu du même principe que la parole intérieure, c'est-à-dire le discours que nous nous tenons à nous-mêmes, et qui constitue notre pensée, tend toujours à provoquer l'émission de la parole extérieure ; de sorte que les petits enfants et les vieillards, dont les nerfs sont faibles, subissent cette impulsion sans pouvoir y résister, et pensent tout haut. Ici, c'est la représentation du son qui provoque l'émission d'un son effectif. Lorsque nous pensons, nous prononçons intérieurement des paroles, lesquelles produisent sur l'organe vocal une excitation dont on se rend parfaitement compte, pourvu qu'on y prête attention. Si cette excitation est assez forte, ou si elle est insuffisamment comprimée, l'émission de ces paroles est inévitable.

On voit que le fait qui requiert une explication particulière n'est pas la connexion de la représentation et du mouvement, mais au contraire leur séparation. Ce qui caractérise l'état adulte de nos facultés c'est beaucoup moins la puissance d'agir que la puissance de n'agir pas. Les tendances, les désirs, les images, tout nous porte à l'action : la volonté seule, unie à la raison, arrête ces élans irréfléchis et introduit dans notre conduite l'ordre et la mesure : la volonté est donc avant tout un pouvoir d'arrêt et d'inhibition.

Quant à la connexion de l'image et du mouvement, elle est aisée à comprendre : c'est un simple fait d'association. Nous avons une première fois exécuté un mouvement spontanément, c'est-à-dire sans réflexion et sans volonté. Ce mouvement a donné lieu en nous à un fait de conscience, qui n'est autre que l'image de ce même mouvement. Cette image s'est associée au mouvement en question, d'où il résulte que, lorsqu'elle se reproduit dans notre conscience, le mouvement tend à se produire également, à moins que ce ne soit l'inverse qui ait lieu, et que l'action corporelle exécutée ne provoque le rappel de l'idée. Ce dernier fait a été observé surtout dans le sommeil artificiel. Par exemple, si l'on met une personne hypnotisée dans un état physique déterminé, on constate chez elle, d'après certains signes, l'état mental correspondant : on la place dans l'attitude de la prière, et elle prie ; on donne à sa bouche l'état du sourire, et toute sa figure prend une expression de contentement, etc.

Il ressort de là que la loi d'association a une portée extrêmement générale, et qu'elle relie non seulement les idées entre elles et les idées aux sentiments et aux autres faits affectifs, mais encore les idées et les sentiments aux mouvements du corps. Ce fait, du reste, n'a rien qui doive surprendre. L'association, nous le savons, n'est qu'une habitude. Or la connexion que l'habitude établit entre deux faits par cela seul qu'ils se sont produits simultanément dans un sujet conscient, ne dépend pas de la nature de ces faits, et ne suppose pas qu'ils soient de nature exclusivement psychique. Voilà pourquoi la loi d'association s'étend même au delà du domaine de nos faits de conscience.

82. La folie. — La folie prend les formes les plus diverses. Nous ne pouvons la considérer ici que dans quelques-uns de ses caractères les plus généraux. Ce qui paraît être la caractéristique principale de la folie, c'est l'irrésistibilité de certaines impulsions ou de certaines images, et par suite l'impuissance du sujet à raisonner ses idées et à gouverner ses actes.

La folie a toujours pour antécédent un état anormal du cerveau, mais cet accident cérébral peut résulter lui-même de causes multiples. Une blessure à la tête, une émotion vive, souvent une passion, engendrent la folie. Suivant Esquirol, la passion portée à un certain excès provoque presque fatalement la folie à quelque degré. La chose se comprend aisément. Lorsque, sous l'action d'une passion vive, toutes nos idées ont pris pendant longtemps une certaine direction, il en résulte, pour la matière cérébrale, des dispositions et des habitudes contre lesquelles ni la volonté, ni même les perceptions des sens ne peuvent plus réagir. Aussi voit-on dans les maisons de fous des gens qui raisonnent bien sur toutes sortes de sujets déraisonner de suite, et même tomber en hallucination, quand on les met sur ce qui fait l'objet de leur passion favorite.

Quant à la possibilité d'expliquer tous les phénomènes psychologiques auxquels donne lieu la folie par les causes connues des phénomènes psychologiques, et surtout par l'association des idées, ce n'est pas une chose douteuse. Ici donc encore tout recours à des facultés anormales serait inutile.

CHAPITRE VII

LES OPÉRATIONS DE L'ENTENDEMENT. — L'ATTENTION,
L'ABSTRACTION ET LA GÉNÉRALISATION

83. Les opérations de l'Entendement en général. — Jusqu'ici nous n'avons étudié que les sensations, résultats des impressions produites sur nous par le monde extérieur, et les opérations auxquelles elles donnent lieu. Mais il y a dans l'homme, comme nous l'avons dit déjà au début de l'étude des facultés intellectuelles, des opérations d'un ordre plus élevé, dont la sensation n'est plus le principe, et qu'il faut rattacher à une forme supérieure de l'activité de l'esprit qui est l'*Entendement*. Ce sont ces opérations qu'il nous faut étudier maintenant. On en peut compter jusqu'à cinq : l'*attention*, l'*abstraction*, la *généralisation*, le *jugement* et le *raisonnement*.

84. L'Attention. — Toutes nos facultés, sensitives ou intellectuelles, sont susceptibles de s'exercer sous une double forme, la forme passive et la forme active. Pour ce qui est des sens tout le monde a le sentiment net de cette différence, et le langage en témoigne. Ainsi l'on ne confond pas *voir* et *regarder, entendre* et *écouter, toucher* et *palper, sentir* et *flairer, goûter* et *déguster*. Dans le domaine intellectuel c'est encore la même chose. Il est des moments où l'esprit assiste passivement au défilé de ses pensées comme à une comédie qu'on lui jouerait du dehors; d'autres moments, au contraire, où, entrant lui-même en scène, il intervient pour régler l'ordre de la représentation. L'usage actif de nos sens et de notre esprit en général se nomme *Attention*. L'attention est donc la concentration volontaire de l'esprit sur un objet afin de le mieux connaître.

L'attention prend différents noms, parce qu'elle peut prendre différentes formes. Il y a *attention* proprement dite quand nous considérons les choses extérieures; *réflexion* quand l'esprit se replie sur lui-même pour considérer quelque objet purement intelligible. La *méditation*, c'est la réflexion prolongée. La *contention*, c'est la réflexion devenue si intense que l'esprit est comme absorbé par son objet. La *contemplation*, c'est l'attention portée sur un objet extérieur, sollicitée et soutenue par l'admiration que cet objet excite en nous. Aussi est-ce une attention sans effort, et presque sans conscience, dans laquelle l'esprit s'oublie et s'abandonne.

Si la définition que nous en avons donnée est exacte, l'attention doit être considérée comme une opération éminemment active de l'esprit. Les sensualistes cependant ne l'entendent pas ainsi. Comme ils font dériver de la sensation tous les faits psychologiques sans exception aucune, et que la sensation est un fait de passivité, ils sont naturellement conduits à considérer l'attention comme passive. Aussi Condillac définit-il l'attention *une sensation exclusive*, c'est-à-dire une sensation qui prédomine sur toutes les autres, et qui même les exclut en totalité ou en partie du champ de la conscience.

Qu'une sensation puisse quelquefois dominer dans la conscience au point de l'occuper tout entière ou à peu près, c'est ce que l'expérience montre d'une façon indubitable. Le chien en arrêt, l'oiseau fasciné par le serpent, en sont des exemples. Chez l'homme lui-même nous voyons souvent une émotion ou une préoccupation vive s'imposer à l'esprit, le mettre dans l'impuissance momentanée de penser à autre chose qu'à l'objet qui l'occupe. La question est de savoir si Condillac a bien fait de rattacher à l'attention des phénomènes de ce genre.

D'abord nous ferons remarquer qu'il est une multitude de cas dans lesquels il s'en faut de beaucoup que la sensation sur laquelle l'attention se porte soit une sensation prédominante et exclusive. Lorsque, par exemple, on prête l'oreille pour saisir un bruit faible et fugitif, quand on fait effort pour discerner avec ses yeux un objet lointain ou mal éclairé, on n'est pas apparemment dans le cas d'une sensation effaçant toutes les autres par son intensité.

De plus, il est aisé de voir que ce que Condillac nous donne comme étant l'attention véritable en est précisément tout le contraire. Qu'est-ce, en effet, qu'être attentif, sinon se posséder soi-même, dominer ses impressions pour atteindre un but que l'on se propose, réagir enfin contre les choses extérieures et les maîtriser? Mais l'attention telle que l'entend Condillac serait, au contraire, la prise de possession de l'esprit par les choses extérieures.

Qui dit attention dit spontanéité, effort conscient et volontaire. Aussi ne pouvons-nous donner ce nom à la sensation exclusive et prédominante; et même, à notre avis, l'attention se dénature et se transforme en son contraire lorsque sa puissance s'exagère, comme il peut arriver dans la contention d'esprit et dans la contemplation.

85. L'Abstraction en général. — Abstraire, c'est considérer dans un objet une qualité à part de toutes les autres. Nous disons une *qualité,* c'est-à-dire un état ou une manière d'être, donc quelque chose qui ne subsisterait point indépendamment de l'objet où il se trouve ou de tout autre objet semblable. Par là l'abstraction se distingue de la *division,* qui consiste, au contraire, à séparer d'un tout une partie concrète comme ce tout lui-même, et pouvant par conséquent subsister en dehors de lui. Par exemple, considérer la couleur blanche d'une page de livre c'est faire une abstraction; considérer cette feuille indépendamment de toutes les autres qui avec elle composent le livre, c'est faire une division.

Du reste la division, quoique moins essentielle à l'esprit humain que l'abstraction, lui est encore fort utile; attendu que, lorsqu'on est en présence d'un objet complexe qu'il s'agit d'étudier, il est impossible de tout faire à la fois, ce qui oblige à diviser l'objet, mentalement au moins, et à le considérer successivement et par parties.

86. L'abstraction sensible. — Il est une abstraction que font les sens, il en est une autre que fait l'esprit. Considérons d'abord la première. Que nos sensations soient abstraites par elles-mêmes, c'est une chose évidente. En effet, chaque sens a sa perception propre : la vue perçoit les couleurs, et rien de plus ; le tact perçoit les résistances, les températures et les autres qualités sensibles qui sont de son domaine, mais rien au delà : or la couleur, la résistance, la température, sont des abstractions. Les opérations des sens sont même si naturellement abstraites qu'ils sont impuissants à nous jamais rien faire connaître de concret; de sorte que, si le concret occupe quelque place dans nos pensées, c'est à titre de conception de nos esprits, non à titre d'objet perçu. Par exemple, si nous nous représentons tel homme comme un être réel et vivant, et non pas seulement comme une couleur, ni même comme une couleur unie à une résistance, à une température, etc., c'est que nous sommes nous-mêmes un tel être, et que, par une induction dont l'habitude nous a fait perdre le sentiment, nous attribuons à cet homme la même nature que la conscience nous révèle en nous. Mais les sens, s'ils étaient réduits à eux-mêmes, ne nous feraient connaître de cet homme qu'un groupe de qualités sensibles.

On voit par ce qui précède que l'abstraction même sensible est supposée par l'attention, et se confond presque avec elle. En effet, faire attention c'est nécessairement distinguer, isoler mentalement, abstraire par conséquent; et, inversement, on ne perçoit pas une qualité abstraite sans porter sur elle son attention à quelque degré. Ceci, du reste, n'empêche pas les deux opérations de différer en nature.

87. L'abstraction intellectuelle. — Mais la véritable abstraction, celle dont nous aurons à nous occuper surtout, c'est l'abstraction intellectuelle. L'abstraction sensible ne donne que des *images,* l'abstraction intellectuelle donne des *idées* ou *concepts.*

Kant a bien expliqué la différence essentielle qui existe entre les images et les concepts. Les images, dit-il, sont ou des sensations ou des copies de sensations : aussi s'appliquent-elles directement aux objets individuels; mais les concepts ne peuvent s'appliquer aux objets individuels que par l'intermédiaire des images. Par exemple, l'image que j'ai dans l'esprit, de Pierre, de sa figure, de sa taille, de son port, s'applique directement à Pierre; mais, pour l'idée que j'ai de l'homme, et qui n'est pas plus l'idée de Pierre que celle de Paul ou de Jean, il en est autrement. Nos concepts sont donc, comme le dit encore Kant, des *représentations de représentations.*

Il peut y avoir des degrés dans la façon dont le concept s'applique à la sensation ou à l'image. Cette application n'est pas toujours immédiate. Par exemple, la vue de telle sphère de cuivre me donnera lieu de concevoir la sphère de cuivre en général, c'est-à-dire la sphère de cuivre sans désignation de diamètre, laquelle n'est déjà plus objet de sensation. De là je passerai à l'idée plus abstraite de sphère, sans désignation de substance, puis à l'idée de surface courbe, de surface, et enfin d'étendue pure et simple, mon esprit, dans ce progrès, s'éloignant de plus en plus de la sensation, et concevant des choses de plus en plus abstraites et de plus en plus idéales. Il y a donc des degrés dans l'abstraction.

Les idées les plus abstraites sont aussi les plus simples, puisqu'elles ont le moins de contenu, et par là même elles doivent être les plus claires. Seulement il faut distinguer la clarté à l'égard des sens et la clarté à l'égard de l'entendement. Pour les sens ce sont les représentations individuelles qui sont claires; les idées abstraites, au contraire, sont obscures, parce qu'elles ne se laissent point imaginer. Pour l'entendement, au contraire, les représentations particulières sont la confusion même, à cause du nombre infini des éléments dont elles se composent, et de l'impuissance radicale où se trouve l'esprit d'embrasser ces éléments dans leur totalité et d'en apercevoir tous les rapports ; mais les idées abstraites sont claires. Quand donc nous parlons de ces dernières, c'est par rapport à l'entendement seul que nous leur reconnaissons plus de clarté. Mais c'est l'entendement qui juge et qui pense, et non pas les sens : par conséquent, c'est la clarté pour l'entendement qui est la clarté véritable.

88. Dangers de l'abstraction. — Du reste, il y a une limite à l'avantage même que donne à nos idées leur caractère d'abstraction. C'est pourquoi l'on dit avec raison que l'abstraction a ses dangers. Les idées abstraites sont, en somme, des créations de l'esprit auxquelles ne correspond aucune réalité extérieure. Par exemple, lorsque nous essayons de nous représenter au moyen d'un système scientifique ou philosophique les rapports qu'ont entre eux tels et tels faits sensibles, les rapports qui unissent l'esprit à la matière, ou ceux qui unissent le monde à Dieu, le système est en nous seuls, et nullement dans les choses auxquelles nous l'appliquons. Sans doute, il peut avoir sa vérité comme *expression* de ce qui existe ; mais il reste toujours que les choses sont des choses, et que nos idées sont des idées, ce qui établit entre les unes et les autres une différence essentielle, à moins qu'on ne nie les idées, ce qui est absurde, ou qu'on ne nie les choses comme choses en les faisant rentrer dans les idées elles-mêmes, ce qui est certainement excessif. Tant que nous pouvons repasser commodément des idées abstraites aux intuitions sensibles ou intellectuelles qui leur correspondent, le danger d'illusion inhérent à ces idées n'est pas bien grand, parce qu'alors il dépend de nous de confronter à tout instant nos conceptions avec la réalité pour voir si l'accord subsiste. Ainsi, les lois de la nature, qui ne sont pourtant que de pures idées, nous inspirent une pleine confiance lorsqu'elles ont été scientifiquement établies, parce que nous savons que l'expérience les confirmera autant de fois qu'il nous plaira de l'interroger à leur sujet. De même encore les idées mathématiques, qui sont peut-être les plus abstraites qui existent, peuvent servir de fondements à des constructions théoriques d'une audace prodigieuse, sans que nous ayons lieu de douter que ces constructions soient solides. C'est que ces idées ont leurs principes dans des intuitions intellectuelles que l'esprit tire de l'idée *a priori* de l'espace, que les théories mathématiques en sont déduites d'une manière rigoureusement démonstrative, et qu'enfin l'expérience encore nous fournit de ces théories des vérifications indéfiniment multiples sans les infirmer jamais. Au contraire, lorsque, *nous élançant sur les ailes des idées,* comme parle Platon, nous avons tout à fait perdu pied sur la terre, c'est-à-dire perdu le moyen de revenir de nos conceptions à des intuitions rationnelles primitives ou à des faits d'expérience, nous sommes comme en l'air, sans autre point d'appui que les idées mêmes. Prétendre que ce point d'appui n'est rien et que nous ne pouvons nous mouvoir que les pieds sur le sol serait tomber dans l'empirisme, et vouloir retrancher à l'esprit humain toute spéculation, c'est-à-dire, en réalité, toute pensée. Un tel excès serait monstrueux; mais il faut reconnaître aussi que la spéculation a ses périls, et qu'elle garde, en général, un caractère hypothétique, tant qu'on n'a pas pu repasser de l'abstrait au concret, c'est-à-dire trouver des vérifications soit dans la démonstration scientifique, soit dans l'expérience. L'héliocentrisme chez les Pythagoriciens et chez le cardinal de Cüsa n'était qu'une théorie abstraite. Il est devenu une vérité scientifique avec Copernic, Képler et Galilée, parce qu'alors il a pris, grâce à la démonstration, le caractère d'une conception *positive*. Tous nos systèmes d'idées ne sont pas de nature à recevoir le même genre de confirmation, mais tous doivent tendre à réaliser, dans la mesure du possible, l'idéal que l'héliocentrisme atteint sous ce rapport.

Le danger que nous venons de signaler comme inhérent à l'abstraction n'est à redouter que pour les hommes de pensée et de science; il en est un autre d'un caractère tout opposé : c'est celui qui résulte de la tendance qu'ont naturellement les hommes, et surtout ceux dont l'intelligence est peu cultivée, à réaliser des abstractions, c'est-à-dire à ériger l'abstrait en concret. Pour toute idée abstraite il nous faut un mot; autrement l'idée, sans objet correspondant dans l'intuition sensible, n'aurait plus rien par où l'esprit pût avoir prise sur elle. Mais partout où nous avons un mot nous voulons voir une chose, et les choses ne tardent pas à prendre à nos yeux le caractère d'êtres concrets et réels. C'est ainsi que les Romains furent conduits d'abord à réaliser, puis à personnifier, et enfin à diviniser de pures abstractions, comme la Fortune, la Guerre, la Faim, la Peur, etc. L'entendement chez tous les hommes est plus ou moins exposé à une idolâtrie du même genre, parce qu'il est difficile de savoir au juste ce que valent et ce que représentent les idées qu'on a dans l'esprit. Ajoutons que, par une erreur inverse de la précédente, on tend souvent à considérer comme de simples abstractions les êtres les plus réels et les plus concrets, comme l'âme et Dieu, et cela uniquement parce qu'on ne peut pas leur donner un corps. La raison grossière des esprits sans culture n'admet que le concret qu'elle identifie avec le corporel.

89. La Généralisation. — Nos idées abstraites, sans être générales par essence, tendent à le devenir, c'est-à-dire qu'elles tendent à devenir représentatives d'un nombre illimité d'individus. En effet, toute qualité abstraite appartenant à un objet peut appartenir également à une infinité d'objets différents, et par conséquent elle est une qualité *commune* par rapport à laquelle les objets en question forment un groupe ou une classe; autrement dit, c'est une qualité *générale*. Par exemple, la blancheur est la qualité générale de tous les objets blancs, et, en tant que blancs, tous ces objets forment une classe, quelque différents qu'ils puissent être par ailleurs. On voit donc que, parmi les idées abstraites, celles-là seules peuvent prendre le caractère de la généralité qui répondent aux qualités des objets, et principalement des objets sensibles. Les autres idées abstraites, qui sont de pures conceptions de l'esprit, et qui, sans être pour cela chimériques le moins du monde, ne répondent à rien d'existant dans le concret, comme les idées de vérité, de justice, de synthèse, d'analyse, de science, d'art, etc., ne représentent point des généralités. Il est vrai que, même avec ces idées, on formera quelquefois des classes d'individus. Ainsi l'on dira : *les hommes justes*, et : *les savants,* comme on dit : *les objets blancs,* et : *les mammifères;* mais la raison de ces généralisations est uniquement dans les formes du langage, et nullement dans la nature des choses. On ne peut pas dire que les hommes justes forment une classe d'individus au même titre que les objets blancs en forment une, parce que la justice n'est pas une idée du même ordre que la blancheur. Il faut donc distinguer deux catégories d'idées abstraites : celles qui se prêtent à la généralisation par elles-mêmes, et celles qui ne s'y prêtent que d'une manière factice et détournée, sous l'empire des lois du langage.

Si maintenant nous considérons les idées proprement générales, nous reconnaîtrons qu'elles ne sont pas toutes de même nature.

www.ingramcontent.com/pod-product-compliance
Lightning Source LLC
Chambersburg PA
CBHW071417300426
44114CB00013B/1290